KB131250

회화에 꼭 필요한 기초 영문법

Grammar 절대 매뉴얼

회화에 꼭 필요한 기초 영문법
Grammar 절대 매뉴얼 입문편

지은이 유원호
펴낸이 임상진
펴낸곳 (주)넥서스

초판 1쇄 발행 2015년 7월 25일
초판 13쇄 발행 2022년 8월 12일

출판신고 1992년 4월 3일 제311-2002-2호
주소 10880 경기도 파주시 지목로 5
전화 (02)330-5500 팩스 (02)330-5555

ISBN 979-11-5752-447-1 13740

www.nexusbook.com

THE PRIMER OF THE ABSOLUTE

회화에 꼭 필요한 기초 영문법

Grammar 절대 매뉴얼

유원호 지음

넥서스

올바른 문법 지식은 영어 습득의 가장 빠른 지름길입니다. 문법을 공부하지 않고 영어를 외국어로 습득하는 것은 불가능하죠. 이미 많은 우리나라 사람들은 문법을 공부했고, 지금도 공부하고 있습니다. 문제는 의사소통에 꼭 필요한 문법 요소들을 체계적으로 공부하지 않고 불필요한 세부 사항을 외우는 데 시간을 허비한다는 것이죠.

또한 원어민이 모르는 문법적인 설명은 할 수 있는데 의사소통에 중요한 의미적인 차이점은 모르는 경우가 많습니다. 많은 문법책들이 문법 설명에 치중한 나머지 의미에 대한 설명은 제대로 하지 않고 있기 때문이죠.

예를 들어, 형용사가 ⓐ처럼 be동사 뒤에 사용되는 것은 서술용법, ⓑ처럼 명사 앞에 사용되는 것은 한정용법이라는 것을 설명하지만, 두 용법의 의미적인 차이는 설명하지 않습니다. (답은 〈Lesson 7: 형용사〉 Grammar Upgrade에서 찾을 수 있습니다.)

ⓐ I am happy.
서술용법

ⓑ I am a happy person.
한정용법

영문법을 공부하는 많은 우리나라 사람들에게 큰 교훈을 주는 속담이 하나 있습니다.

> They can't see the forest for the trees.
> 그들은 나무는 보고 숲은 보지 못한다.

모든 건 시작이 중요합니다. 문법 공부도 마찬가지죠. 처음부터 불필요한 세부 사항에 매달리다 보면 큰 그림을 보지 못하게 됩니다. 노력하지 않고 좋은 결과를 얻지 못하는 것은 당연한 일이지만 열심히 하고도 원하는 결과를 얻지 못하는 경우도 많습니다. 가장 안타까운 상황이죠.

이 책은 의사소통에 꼭 필요한 문법 사항들만을 적절한 예문과 함께 간결하게 설명하고 있습니다. 이 책을 통해 습득한 탄탄한 기초 문법 지식을 바탕으로 「Grammar 절대 매뉴얼–실전편」과 「Writing 절대 매뉴얼」을 차례대로 공부하고 나면 지금껏 느끼지 못한 영어에 대한 자신감을 가질 수 있게 될 것입니다.

저자 유원호

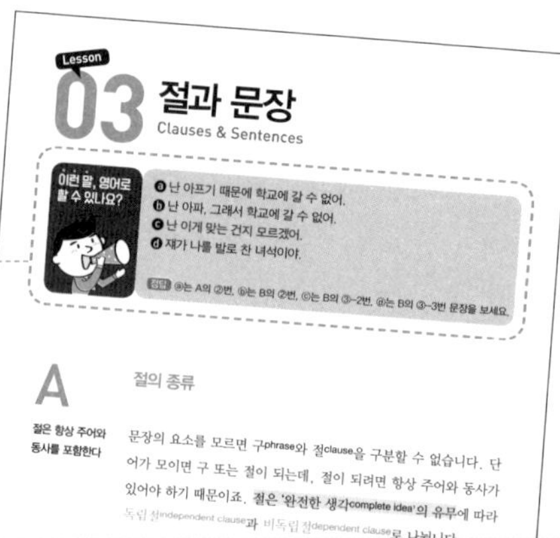

Lesson

03 절과 문장

Clauses & Sentences

이런 말, 영어로 할 수 있나요?

ⓐ 난 아프기 때문에 학교에 갈 수 없어.
ⓑ 난 아파, 그래서 학교에 갈 수 없어.
ⓒ 난 이게 맞는 건지 모르겠어.
ⓓ 재가 나를 발로 찬 녀석이야.

정답 ⓐ는 A의 ②번, ⓑ는 B의 ②번, ⓒ는 B의 ③-2번, ⓓ는 B의 ③-3번 문장을 보세요.

A 절의 종류

절은 항상 주어와 동사를 포함한다

문장의 요소를 모르면 구phrase와 절clause을 구분할 수 없습니다. 단어가 모이면 구 또는 절이 되는데, 절이 되려면 항상 주어와 동사가 있어야 하기 때문이죠. 절은 '완전한 생각complete idea'의 유무에 따라 독립 절independent clause과 비독립 절dependent clause로 나뉩니다.

이런 말, 영어로 할 수 있나요?

각 Lesson 도입부에 해당 Lesson에서 배울 내용과 관련된 질문이 있습니다. 우리말로 된 문장을 영어로 말할 수 있는지 확인해 봄으로써, 회화와 관련된 문법 지식을 제대로 이해하고 있는지 스스로 점검해 보는 코너입니다. 정답 문장은 모두 본문 설명 속에 있습니다.

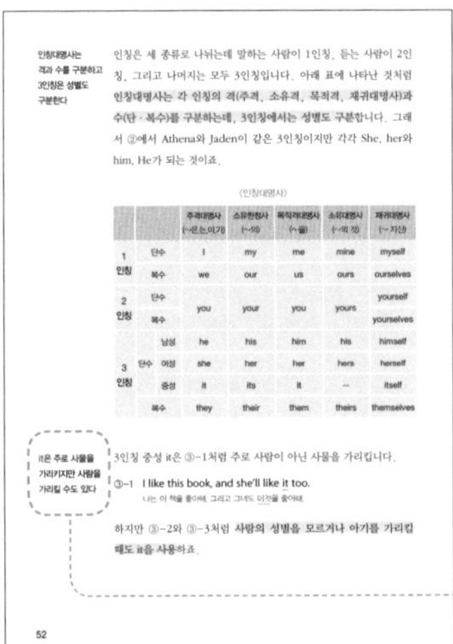

인칭대명사는 격과 수를 구분하고 3인칭은 성별도 구분한다

인칭은 세 종류로 나뉘는데 말하는 사람이 1인칭, 듣는 사람이 2인칭, 그리고 나머지는 모두 3인칭입니다. 아래 표에 나타난 것처럼 **인칭대명사는 각 인칭의 격(주격, 소유격, 목적격, 재귀대명사)과 수(단·복수)를 구분하는데, 3인칭에서는 성별도 구분**합니다. 그래서 ②에서 Athena와 Jaden이 같은 3인칭이지만 각각 She, her와 him, He가 되는 것이죠.

〈인칭대명사〉

			주격대명사 (~은,는,이,가)	소유한정사 (~의)	목적격대명사 (~을)	소유대명사 (~의 것)	재귀대명사 (~ 자신)
1인칭	단수		I	my	me	mine	myself
	복수		we	our	us	ours	ourselves
2인칭	단수		you	your	you	yours	yourself
	복수						yourselves
3인칭	단수	남성	he	his	him	his	himself
		여성	she	her	her	hers	herself
		중성	it	its	it	--	itself
	복수		they	their	them	theirs	themselves

it은 주로 사물을 가리키지만 사람을 가리킬 수도 있다

3인칭 중성 it은 ③-1처럼 주로 사람이 아닌 사물을 가리킵니다.

③-1 I like this book, and she'll like it too.
나는 이 책을 좋아해, 그리고 그녀도 이것을 좋아해.

하지만 ③-2와 ③-3처럼 **사람의 성별을 모르거나 아기를 가리킬 때도 it을 사용**하죠.

52

소제목

각 단락의 주요 내용을 정리한 것입니다. 이 소제목만 읽어도 전체 내용을 훑어볼 수 있습니다. 문법 공부를 하다 보면 세부 사항을 외우는 데 시간을 허비하는 경우가 많습니다. 이 소제목들은 이렇게 숲을 보지 못하고 나무만 보는 오류를 범하지 않도록 도움을 줄 것입니다.

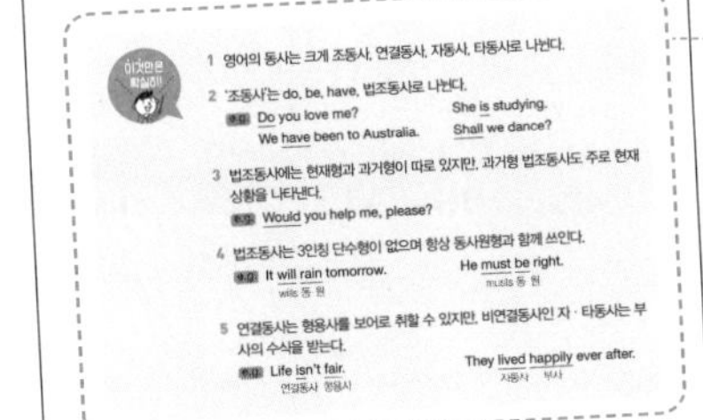

1 영어의 동사는 크게 조동사, 연결동사, 자동사, 타동사로 나뉜다.

2 '조동사'는 do, be, have, 법조동사로 나뉜다.
Do you love me? She is studying.
We have been to Australia. Shall we dance?

3 법조동사에는 현재형과 과거형이 따로 있지만, 과거형 법조동사도 주로 현재 상황을 나타낸다.
Would you help me, please?

4 법조동사는 3인칭 단수형이 없으며 항상 동사원형과 함께 쓰인다.
It will rain tomorrow. He must be right.

5 연결동사는 형용사를 보어로 취할 수 있지만, 비연결동사인 자 · 타동사는 부사의 수식을 받는다.
Life isn't fair. They lived happily ever after.
연결동사 형용사 자동사 부사

이것만은 확실히

'이것만은 확실히!'는 각 Lesson의 핵심을 요약 정리한 것입니다. Lesson 학습을 마친 다음 읽어 보면서 복습하세요.

Grammar Upgrade

'Grammar Upgrade'는 각 Lesson의 학습을 마무리하면서 문법에 대해 좀 더 생각해 보는 코너입니다. 가볍게 읽을 수 있는 내용이지만 여러분의 문법 실력을 한층 높여 줄 고급 문법이기도 합니다.

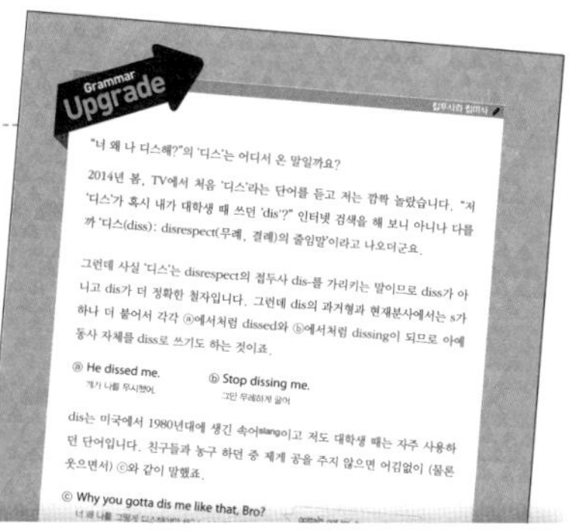

Grammar Upgrade

"너 왜 나 디스해?"의 '디스'는 어디서 온 말일까요?

2014년 봄, TV에서 처음 '디스'라는 단어를 듣고 저는 깜짝 놀랐습니다. "저 '디스'가 혹시 내가 대학생 때 쓰던 'dis'?" 인터넷 검색을 해 보니 아니나 다를까 '디스(diss): disrespect(무례, 결례)의 줄임말'이라고 나오더군요.

그런데 사실 '디스'는 disrespect의 접두사 dis-를 가리키는 말이므로 diss가 아니고 dis가 더 정확한 철자입니다. 그런데 dis의 과거형과 현재분사에서는 s가 하나 더 붙어서 각각 ⓐ에서처럼 dissed와 ⓑ에서처럼 dissing이 되므로 아예 동사 자체를 diss로 쓰기도 하는 것이죠.

ⓐ He dissed me.
걔가 나를 무시했어.

ⓑ Stop dissing me.
그만 무례하게 굴어

dis는 미국에서 1980년대에 생긴 속어slang이고 저도 대학생 때는 자주 사용하던 단어입니다. 친구들과 농구 하던 중 제게 공을 주지 않으면 어김없이 (물론 웃으면서) ⓒ와 같이 말했죠.

ⓒ Why you gotta dis me like that, Bro?

★ 4가지 학습자료 무료 제공
www.nexusbook.com에서 Grammar 절대 매뉴얼 입문편 으로 검색하여 다운받으세요.

단어노트 각 Lesson별 단어를 정리하였습니다. 사전을 찾는 번거로움을 덜어 드립니다.

단어퀴즈 주요 단어와 표현들을 제대로 이해하였는지 Quiz를 풀면서 실력을 확인해 보세요.

복습문제 문제를 풀면서 공부한 내용을 확인해 보세요. 틀린 문제는 해당 Lesson을 복습!

녹음강의 서강대 강의를 들을 수 있는 특별한 기회! 유원호 교수님의 강의를 들어 보세요.

Contents
차례

PART 1 기초 닦기 The Fundamentals

01 단어와 구 Words & Phrases 12
02 어순과 문장의 요소 Word Order & Parts of a Sentence 17
03 절과 문장 Clauses & Sentences 23
04 목적에 따른 문장의 종류 Sentence Types According to Their Purpose 30

PART 2 품사의 모든 것 Parts of Speech

05 명사 Nouns 42
06 대명사 Pronouns 49
07 형용사 Adjectives 58
08 동사 I Verbs I 66
09 동사 II Verbs II 76
10 부사와 감탄사 Adverbs & Interjections 85
11 접속사 I Conjunctions I 93
12 접속사 II Conjunctions II 100
13 전치사 Prepositions 110
14 한정사 Determiners 120

PART 3 품사 외 모든 것 Everything Else

15 접두사와 접미사 Prefixes & Suffixes 132

16 부정사, 동명사, 분사 Infinitives, Gerunds, & Participles 144

17 태의 종류와 수동태 Types of Voice & Passive Voice 154

18 동사의 활용과 시제 Conjugation & Tense 163

19 형용사절과 관계대명사 Adjective Clauses & Relative Pronouns 176

20 조건문과 가정법 Conditional Sentences & Subjunctive Mood 184

이 책에 나오는 문법용어 191

GRAMMAR MANUAL

PART 1

기초 닦기
The Fundamentals

Lesson 01 단어와 구 Words & Phrases

Lesson 02 어순과 문장의 요소 Word Order & Parts of a Sentence

Lesson 03 절과 문장 Clauses & Sentences

Lesson 04 목적에 따른 문장의 종류 Sentence Types According to Their Purpose

단어와 구
Words & Phrases

ⓐ 벤치 위에
ⓑ 벤치 위에 있는 책
ⓒ 걔는 벤치 위에서 잤어.

정답 ⓐ는 B의 ②번, ⓑ는 B의 ③번, ⓒ는 B의 ④번 문장을 보세요.

모든 언어는 기본적으로 다음 네 가지의 요소로 구성되어 있습니다.

단어word 〈 구phrase 〈 절clause 〈 문장sentence

이 네 가지의 차이점을 자세히 공부하기 전에 우선은 단어가 모이면 구가 되고, 구가 모이면 절이 되고, 절에 완전한 생각을 더하면 문장이 된다고 생각하면 됩니다.

단어의 종류

영어에는 9가지 종류의 단어가 있다

'단어의 종류'를 한 단어로는 품사(品詞)라고 합니다. 품사는 영어로는 parts of speech라고 하는데, 직역을 하면 '말의 부품'이라는 뜻이죠. 영어에는 9가지 품사가 있고, 각 품사의 간단한 정의와 예를 정리하면 다음과 같습니다.

〈영어의 9품사〉

	간단한 정의	예
명사 (noun)	사물의 이름	book, car, pen, milk
대명사 (pronoun)	명사를 대신하는 단어	it, they, you, I
형용사 (adjective)	명사 · 대명사를 수식하는 단어	small, happy, deep, thin
동사 (verb)	동작 · 상태를 나타내는 단어	play, eat, sleep, love
부사 (adverb)	동사를 수식하는 단어	well, really, soon, happily
접속사 (conjunction)	연결해 주는 단어	and, but, or, so
전치사 (preposition)	명사 앞에 위치한 단어	in, at, on, from
한정사 (determiner)	명사의 수량 · 범위를 한정하는 단어	a(n), the, many, much
감탄사 (interjection)	감정을 나타내는 단어	oh, wow, oops, ouch

영어의 9품사는 의미어와 기능어로 나뉜다

9품사 중에서 명사, 형용사, 동사, 부사는 문장에서 중요한 의미를 전달하므로 의미어content word라고 불립니다. 반면에 대명사, 접속사, 전치사, 한정사는 단지 문법적인 기능을 수행하므로 기능어function word라고 불리죠.

▷ 의미어 = 명사, 형용사, 동사, 부사

▷ 기능어 = 대명사, 접속사, 전치사, 한정사

감탄사는 감정을 나타내는 단어이므로 큰 의미를 가지고 있지 않고, 다른 문장 요소들과 관계없이 독립적으로 사용되기 때문에 문법적인 기능도 가지고 있지 않습니다. 그래서 의미어에 속하지도 않고 기능어에 속하지도 않는 것이죠. ✎각 품사 설명: 〈Part 2: 품사의 모든 것〉 참고

B 구의 종류

두 개 이상의 단어가 모이면 '구'

구phrase란 두 개 이상의 단어가 모인 것을 지칭하는 말입니다. ①-1은 하나의 단어이므로 구가 될 수 없지만 ①-2는 정관사 the와 명사 bench가 함께 쓰였으므로 '명사구'가 됩니다.

①-1 bench 명사 ①-2 the bench 명사구

구는 형태form에 따라 나뉘기도 하고 역할use에 따라 나뉘기도 합니다. ②가 '전치사구'인 이유는 전치사 on을 포함하고 있기 때문이죠.

② on the bench 전치사구
전치사
벤치 위에

명사를 꾸며 주면 형용사구

그런데 똑같은 전치사구 on the bench가 역할에 따라 '형용사구' 또는 '부사구'로 구분될 수 있습니다. ③에서는 on the bench가 명사구 the book을 수식하는 형용사 역할을 하므로 형용사구로 사용된 것입니다.

③ the book on the bench 형용사구 (역할을 하는 전치사구)
명사구 the book을 수식
벤치 위에 있는 책

동사를 꾸며 주면 부사구

반면에 ④에서는 똑같은 on the bench가 동사 slept를 수식하는 부사 역할을 하므로 부사구로 사용된 것이죠.

④ He slept on the bench. 부사구 (역할을 하는 전치사구)
동사 slept를 수식
걔는 벤치 위에서 잤어.

제 이름은 유원호이지만 학교에서는 교수로 불리고 집에서는 아빠로 불립니다. 똑같은 전치사구인 on the bench가 역할에 따라 형용사구 또는 부사구로 불리는 것도 같은 이치죠. 구의 종류를 분류하는 방법과 예시를 표로 정리하면 다음과 같습니다.

〈구의 종류〉

형태로 분류	역할로 분류
X구 = X를 포함하는 구	Y구 = Y 역할을 하는 구
(예) the bench 명사구 on the bench 전치사구	the book on the bench 형용사구 He slept on the bench. 부사구

1 영어의 9가지 종류의 단어를 한 단어로 '**품사**(parts of speech)'라고 한다.

2 영어의 9품사는 의미어와 기능어로 나뉜다.

▷ 의미어 = 명사, 형용사, 동사, 부사

▷ 기능어 = 대명사, 접속사, 전치사, 한정사

3 두 개 이상의 단어가 모인 것을 '**구**(phrase)'라고 한다.

다음 문장에서 of는 왜 필요한 것일까요?

ⓐ Love is of God.

Korean은 명사로 '한국어', '한국 사람'이라는 뜻을 가지고 있지만 ⓑ처럼 Korea의 형용사로도 사용됩니다.

ⓑ I love Korean food. 나는 한국 음식을 아주 좋아해.
(Korean: 한국의)

그리고 영영사전에서 형용사 Korean의 뜻을 찾아보면 ⓒ처럼 정의되어 있죠.

ⓒ Korean = of (or relating to) Korea 한국의 (또는 한국에 관한)
(Korean: 형용사 = of: of + Korea: 명사)

Korean(한국의)이 of Korea와 동일하다는 것은 명사 앞에 of를 붙이면 형용사구가 된다는 뜻입니다. 따라서 ⓐ의 of God은 '신의', '신에 관한'이라는 뜻의 형용사구가 되겠죠.

'of+명사=형용사구' 용법이 회화체에서 자주 사용되는 것은 아니지만 일상 대화에서도 ⓓ와 같은 표현을 종종 들을 수 있습니다.

ⓓ I am glad to be of service. 도움이 돼서 기쁩니다.

of service는 '도움이 되는'이라는 뜻입니다. 같은 뜻을 가진 형용사인 helpful을 영영사전에서 찾아보면 of service로 정의되어 있죠. 물론 ⓓ에서 of service는 of help(또는 of assistance)로 대체될 수도 있습니다.

Lesson

02 어순과 문장의 요소

Word Order & Parts of a Sentence

이런 말, 영어로 할 수 있나요?

ⓐ 나는 너를 사랑해.
ⓑ 나는 행복해.
ⓒ 내 동생은 변호사다.

정답 ⓐ는 A의 ①번, ⓑ는 B의 ①번, ⓒ는 B의 ④번 문장을 보세요.

A 어순

주어는 '은(는)', '이(가)', 목적어는 '을(를)'

단어나 구를 결합해서 절 또는 문장을 만들려면 먼저 영어의 어순을 알아야겠죠. 다음 ①, ②처럼 영어는 한국어와 다른 어순을 가지고 있습니다.

① 나는	너를	사랑해.	② I	love	you.
I	you	love	나는	사랑해	너를
(주어	목적어	동사)	(주어	동사	목적어)

한국어와 영어 모두 '주어subject(=동사의 주체가 되는 말)'로 시작하는 것은 동일합니다. 하지만 영어에서는 주어 다음 바로 동사가 나오고 한국어에서는 주어 다음 '목적어object(=동사의 대상이 되는 말)'가 나오죠. 주어와 목적어를 쉽게 구분하려면 한국어로 해석했을 때 '은(는)', '이(가)'가 붙는 것은 주어, '을(를)'이 붙는 것은 목적어라고 생각하면 됩니다.

한국어는 SOV 언어, 영어는 SVO 언어

각 언어의 어순은 Subject, Object, Verb의 첫 글자를 사용하여 간단하게 표기할 수 있습니다. 예를 들어, 한국어는 'Subject+Object+Verb' 어순을 따르므로 SOV 언어라고 하고 영어는 'Subject+Verb+Object' 어순을 따르므로 SVO 언어라고 하죠.

▷ 한국어(SOV) = 주어Subject + 목적어Object + 동사Verb
▷ 영어(SVO) = 주어Subject + 동사Verb + 목적어Object

문장은 주어와 술부로 나뉜다

모든 문장은 주어와 술부predicate(=주어에 대해 진술하는 부분)로 나뉩니다. 아래 표에서처럼 주어를 파악하고 나면 나머지 모든 부분은 술부가 되죠. 한국어와 영어의 어순의 차이는 술부의 차이에서 비롯된 것입니다.

주어 대신 '주부'라는 용어가 사용되기도 하는데, 주부는 주어와 더불어 '주어+수식어구'를 모두 일컫는 말입니다.

〈주어와 술부〉

주어 (subject)	+	술부 (predicate) (= 주어에 대해 진술하는 부분)
I S		love you. VO

주어와 술부의 순서만 크게 본다면 한국어와 영어는 어순이 같다고 할 수 있습니다. 두 언어 모두 주어가 먼저 나온 뒤 술부가 나오는 반면 타갈로그 어Tagalog(필리핀에서 영어와 공통어로 사용되는 언어)처럼 술부가 주어 전에 나오는 VOS형 언어도 있기 때문이죠.

문장에서 가장 중요한 것은 동사이다

그럼 주어와 술부 중 문장에서 더 중요한 역할을 하는 것은 무엇일까요? '주어'라는 명칭 때문에 문장에서 주어가 술부보다 더 중요한 역할을 할 것 같지만, 사실은 술부가 더 중요합니다. 술부가 문장에서 가장 중요한 역할을 하는 동사를 포함하고 있기 때문이죠. 동사가 중요한 이유는 동사의 종류에 따라 목적어가 필요한지 보어가 필요한지가 결정되기 때문입니다.

B 문장의 요소

주어, 동사, 목적어, 보어를 문장의 4요소라고 한다

문장을 구성하는 데 필요한 것을 '문장의 요소'라고 하고, 영어에는 다음 네 가지의 문장 요소가 있습니다.

ⓐ 주어Subject	ⓑ 동사Verb
ⓒ 목적어Object	ⓓ 보어Complement

문장의 요소와 품사가 혼동되는 이유는 '동사'가 문장의 요소도 되고 품사도 되기 때문입니다.

① I am happy. 나는 행복해.
*주어 동사 *형용사

*는 비문, 비문법적임을 나타냅니다.

①에서는 I를 주어라고 하였기 때문에 happy를 형용사라고 부를 수 없습니다. happy를 형용사로 부르려면 ②처럼 I도 대명사라고 해야 하죠.

② I am happy.
대명사 동사 **형용사** = **품사**

형용사는 주로 보어로 사용된다

Complement는 동사 complete(~을 완전하게 만들다)의 명사형입니다.

am은 talk(말하다), like(좋아하다), give(주다), make(만들다) 등의 동사들과는 달리 특별한 뜻이 있지 않습니다. 따라서 문장의 의미를 완성해주는 '보어complement(=문장을 완성하는 말)'가 필요합니다. ②에서는 그 역할을 하는 것이 형용사 happy이므로 I를 주어라고 부르면 happy는 ③처럼 보어라고 해야 하죠.

③ I am happy.
주어 동사 보어 = 문장의 요소

명사는 주어 · 목적어는 물론이고 보어로도 사용될 수 있다

문장의 요소는 역할에 따라 구분합니다. 따라서 형용사가 주로 보어의 역할을 하는 것을 알아야 하는 것처럼 어떤 품사가 어떤 역할을 할 수 있는지를 아는 것이 중요하죠. 주어와 목적어의 역할을 할 수 있는 품사는 명사와 대명사입니다. 명사는 또 ④처럼 보어로 사용될 수도 있습니다.

④ My brother is a lawyer. 내 동생은 변호사다.
주어 보어

동사의 역할을 할 수 있는 품사는 물론 동사겠죠. 문장의 4요소에 관한 내용을 간단히 표로 정리하면 다음과 같습니다.

〈문장의 4요소〉

문장의 요소	정의 및 특징	사용될 수 있는 품사	예문
ⓐ 주어 Subject	동사의 주체가 되는 말	명사 대명사	I love you. S V O I am happy. S V C My brother is a lawyer. S C
ⓑ 동사 Verb	술부에서 가장 중요한 말	동사	
ⓒ 목적어 Object	동사의 대상이 되는 말	명사 대명사	
ⓓ 보어* Complement	문장의 뜻을 완성하는 말	명사 대명사** 형용사	

* 주어를 보충설명하는 '주격보어'와 목적어를 보충설명하는 '목적격보어'(〈Lesson 9: C. 불완전 타동사〉 참고)'로 나뉨.

** 보어로 사용되는 대명사: 〈Lesson 9: Grammar Upgrade〉 참고

1 한국어는 SOV 언어이고, 영어는 SVO 언어이다.

e.g. 나는 너를 사랑해. (S O V) I love you. (S V O)

2 문장은 주어와 술부로 나뉘고, 술부는 문장에서 가장 중요한 역할을 하는 동사를 포함하고 있다.

3 주어, 동사, 목적어, 보어를 문장의 4요소라고 한다.

영어가 어려운 가장 큰 이유 중 하나는 우리말과 어순이 다르다는 것이죠. 그리고 단순한 어순의 차이를 넘어 영어에서는 어순이 한국어보다 훨씬 더 중요한 역할을 합니다.

ⓐ John likes Mary. (S V O)

ⓑ 철수가 영희를 좋아해. (S O V)

영어와 한국어는 ⓐ, ⓑ처럼 각각 SVO와 SOV 어순이 가장 자연스럽습니다. 그런데 영어는 ⓒ처럼 어순을 바꾸면 뜻이 완전히 변하는 반면 한국어는 ⓓ처럼 어순을 바꿔도 뜻이 변하지 않습니다.

ⓒ Mary likes John.
≠ John likes Mary.

ⓓ 영희를 철수가 좋아해.

어순을 바꿔도 뜻이 변하지 않는 이유는 한국어에는 '~가', '~를'처럼 주어, 목적어를 나타내 주는 조사가 있기 때문입니다. 반면에 영어는 한국어와 달리 '~가', '~를'과 같은 장치가 없기 때문에 어순을 바꾸면 ⓒ처럼 완전 다른 뜻이 되거나 ⓔ처럼 아예 비문이 되죠.

ⓔ *likes John Mary.

ⓕ 좋아해 철수가 영희를.

한국어에서는 심지어 ⓕ도 가능합니다. 그래서 어순은 한국어보다 영어에서 훨씬 더 중요하다는 것이죠.

Lesson

03 절과 문장

Clauses & Sentences

ⓐ 난 아프기 때문에 학교에 갈 수 없어.
ⓑ 난 아파, 그래서 학교에 갈 수 없어.
ⓒ 난 이게 맞는 건지 모르겠어.
ⓓ 쟤가 나를 발로 찬 녀석이야.

정답 ⓐ는 A의 ②번, ⓑ는 B의 ②번, ⓒ는 B의 ③-2번, ⓓ는 B의 ③-3번 문장을 보세요.

A 절의 종류

절은 항상 주어와 동사를 포함한다

문장의 요소를 모르면 구phrase와 절clause을 구분할 수 없습니다. 단어가 모이면 구 또는 절이 되는데, 절이 되려면 항상 주어와 동사가 있어야 하기 때문이죠. 절은 '완전한 생각complete idea'의 유무에 따라 독립절independent clause과 비독립절dependent clause로 나뉩니다.

▷ 독립절(주절) = 주어(S) + 동사(V) + 완전한 생각
▷ 비독립절(종속절) = 주어(S) + 동사(V) + ~~완전한 생각~~

'주절'이라고도 불리는 독립절은 완전한 생각을 포함하고 있습니다. 반면에 비독립절은 완전한 생각을 포함하고 있지 않으므로 단독으로 사용되지 못하고 주절에 종속되어 사용되어야 합니다. 따라서 '종속절'이라고도 불리죠.

비독립절에는 완전한 생각이 없다

①은 주어와 동사를 포함하고 있지만 완전한 생각을 가지고 있지 않으므로 비독립절입니다.

① Because I am sick . . .
S+V+~~완전한 생각~~ = **비독립절**
난 아프기 때문에…….

친구가 갑자기 '난 아프기 때문에……'라고 말하고 가만히 있으면 '그래서?'라고 물어보겠죠? 완전한 생각을 표현하지 않았기 때문입니다.

독립절은 완전한 생각을 표현한다

반면에 ②는 완전한 생각을 표현하였습니다. ②를 듣고 '그래서?'라고 묻는다면 친구가 아니겠죠.

② Because I'm sick, I can't go to school.
S+V+완전한 생각 = **독립절**
난 아프기 때문에 학교에 갈 수 없어.

'난 아프기 때문에'와 달리 '학교에 갈 수 없어'는 완전한 생각을 포함하고 있으므로 독립절입니다. 다시 말해, 단독으로 사용된 '난 아프기 때문에'는 이해가 되지 않아도 '학교에 갈 수 없어'는 그 자체만으로도 이해가 된다는 말이죠.

B 문장의 종류

문장은 '주어+동사 +완전한 생각'으로 이루어져 있다

문장은 독립절과 똑같이 '주어+동사+완전한 생각'으로 이루어져 있습니다. ①처럼 주어와 동사가 하나씩 있는 문장을 단문simple sentence이라고 합니다.

① I am sick. 단문
S+V+완전한 생각
난 아파.

A의 ①을 문장으로 만들기 위해 A의 ②에서는 독립절을 추가하였지만 간단히 Because를 삭제해도 문장이 되죠.

'중문'은 두 개의 독립절이 등위접속사로 연결된 문장이다

②처럼 두 개의 독립절이 등위접속사로 연결된 문장은 중문compound sentence이라고 합니다.

✎등위접속사와 종속접속사의 차이: 〈Lesson 11: A. 접속사의 종류〉 참고

② I am sick, so I can't go to school. 중문
독립절 + 등위접속사 + 독립절
난 아파, 그래서 학교에 갈 수 없어.

그런데 똑같은 I am sick.이 왜 ①에서는 단문이고 ②에서는 독립절이 될까요? 이유는 ②에서는 다른 절과 함께 쓰였기 때문입니다. 상황에 따라 happy가 형용사로도 불리고 보어로도 불리는 것과 마찬가지로 I am sick.이 단독으로 쓰였을 때는 단문이 되고 다른 절과 함께 쓰였을 때에는 독립절이 되는 것이죠.

'복문'은 비독립절이 포함된 문장이다

③처럼 비독립절이 포함된 문장은 모두 복문complex sentence이라고 합니다. 비독립절은 부사절, 명사절, 형용사절로 나뉩니다.

✎부사절과 명사절: 〈Lesson 12: 접속사 II〉 참고
형용사절: 〈Lesson 19: 형용사절과 관계대명사〉 참고

③-1 Because I'm sick, I can't go to school. 복문
부사절
난 아프기 때문에 학교에 갈 수 없어.

③–2 I don't know if this is right. 복문
명사절
난 이게 맞는 건지 모르겠어.

③–3 That's the guy who kicked me. 복문
형용사절
쟤가 나를 발로 찬 녀석이야.

문장의 종류는 구조 또는 목적에 따라 분류할 수 있다

단문, 중문, 복문은 문장을 구조에 따라 분류한 것입니다. 문장의 종류는 아래 표에 나타난 바와 같이 구조 외에 목적(또는 용도)에 따라 분류할 수도 있습니다.

〈문장의 종류〉

① 구조에 따른 분류		② 목적에 따른 분류	
ⓐ 단문	Simple sentence	ⓐ 평서문	Declarative sentence
ⓑ 중문	Compound sentence	ⓑ 명령문	Imperative sentence
ⓒ 복문	Complex sentence	ⓒ 의문문	Interrogative sentence
		ⓓ 감탄문	Exclamatory sentence
		ⓔ 기원문	Optative sentence

목적에 따라 분류한 각 문장에 대해서는 다음 Lesson에서 자세히 설명하고 여기서는 간단한 예만 들도록 하겠습니다.

④ The king lived a long life. 평서문
왕은 오랜 삶을 살았다.

⑤ Live a long life. 명령문
오랜 삶을 사세요.

⑥ Did the king live a long life? 의문문
왕은 오랜 삶을 살았습니까?

⑦ What a long life the king lived! 감탄문

왕은 정말 오랜 삶을 살았군요!

⑧ May the king live a long life! 기원문

임금님 만세!

1 주어와 동사가 모이면 절이 된다. 완전한 생각이 더해지면 독립절, 그렇지 않으면 비독립절이다.

e.g. Because I'm sick, (비독립절) I can't go to school. (독립절)

2 문장은 '주어+동사+완전한 생각'으로 이루어져 있다.

3 문장은 구조에 따라 단문, 중문, 복문으로 나뉜다.

e.g. I am sick. 단문

I am sick, so I can't go to school. 중문

Because I'm sick, I can't go to school. 복문

Grammar Upgrade

영어 회화를 잘하는 데는 독립절과 비독립절의 차이를 몰라도 전혀 문제가 되지 않습니다. 물론 단문, 중문, 복문의 차이도 몰라도 되죠. 하지만 절과 문장의 종류를 구분하지 못하면 글쓰기를 할 수 없습니다. 글쓰기의 기본인 구두점punctuation mark의 용법을 이해할 수 없기 때문이죠.

문장의 끝에는 항상 구두점이 있어야 합니다. 기본적으로 마침표period는 평서문, 물음표question mark는 의문문, 느낌표exclamation point는 감탄문의 끝을 알립니다. 그럼 ⓐ의 끝에는 어떤 구두점이 사용되어야 할까요?

ⓐ because I am sick

ⓐ는 문장이 아니고 비독립절(부사절)이므로 끝에 어떤 구두점도 찍을 수 없습니다. 꼭 찍는다면 마침표 세 개로 이뤄진 생략 부호(...)를 찍을 수 있겠죠. ⓑ는 우리나라 사람들이 아주 자주 범하는 오류입니다.

ⓑ Because I am sick. 문장 단편

ⓑ처럼 문장이 아닌 것의 마지막에 마침표를 찍는 오류를 문장 단편fragment이라고 합니다. ⓑ는 문장이 아니므로 대문자로 시작할 이유도 없고 마침표는 문장의 끝에만 사용할 수 있으므로 ⓑ에는 마침표를 사용할 수도 없죠.

ⓑ를 완전한 문장으로 만들려면 독립절을 ⓒ처럼 뒤에 붙이거나 ⓓ처럼 앞에 붙여야 합니다.

ⓒ Because I'm sick, I can't go to school.
독립절

ⓓ I can't go to school because I'm sick.
독립절

ⓒ와 ⓓ는 구두점의 사용에서도 차이가 납니다. ⓒ처럼 부사절이 앞에 있을 때는 쉼표를 사용하지만 ⓓ처럼 부사절이 뒤에 올 때는 쉼표를 사용하지 않죠. 쉼표의 또 한 가지 중요한 용법은 중문에서는 ⓔ처럼 등위접속사 앞에 쉼표를 찍는다는 것입니다.

ⓔ I'm sick, so I can't go to school.

✎쉼표와 그 외 구두점들의 용법: 「Grammar 절대 매뉴얼-실전편」의 〈Lesson 3: 구두점〉과 「Writing 절대 매뉴얼-입문편」의 〈Part I: 신호등의 역할을 하는 구두점〉 참고

목적에 따른 문장의 종류
Sentence Types According to Their Purpose

ⓐ 그녀는 이거 안 좋아해.
ⓑ 뛰지 마!
ⓒ 누가 맨 먼저 끝났어?
ⓓ 정말 멋진 세상이야!
ⓔ 임금님 만세!

정답 ⓐ는 A의 ②-2번, ⓑ는 A의 ⑦-1번, ⓒ는 B의 ③-1번, ⓓ는 C의 ①-2번, ⓔ는 C의 ⑤-1번 문장을 보세요.

A 평서문과 명령문

평서문은 사실을 그대로 진술하는 문장

평서문은 ①처럼 사실, 사건, 생각 등을 그대로 진술하는 문장입니다. Lesson 3의 단문, 중문, 복문의 예문들도 모두 평서문이었죠.

①-1 I like it. 난 이거 좋아.

①-2 She likes it. 그녀는 이거 좋아해.
3인칭 단수 현재시제

①-3 They liked it. 걔들은 이거 좋아했어.
과거시제

부정문에는 보통 'do조동사+not+동사원형'을 사용

긍정평서문을 부정문으로 바꿀 때는 우선 동사의 종류를 확인해야 합니다. be동사를 제외한 모든 본동사는 ②처럼 'do조동사+not+동사원형'을 사용하기 때문이죠.

✎〈Lesson 8: A. 동사의 종류와 문장의 형식〉 참고

②–1 I do not like it. 난 이거 안 좋아.

②–2 She does not like it. 그녀는 이거 안 좋아해.
3인칭 단수 현재시제

②–3 They did not like it. 걔들은 이거 안 좋아했어.
과거시제

동사가 3인칭 단수 현재시제일 때는 ②–2처럼 do조동사가 does로 바뀌고, 과거시제일 때는 ②–3처럼 did로 바뀝니다. 그리고 본동사는 모두 동사원형인 like가 되죠.

✎인칭: 〈Lesson 6: B. 인칭대명사〉 / 시제: 〈Lesson 18: B. 시제와 상〉 참고

be동사, have조동사, 법조동사에는 not만 붙이면 된다

be동사, have조동사, 법조동사가 문장에 사용되었을 때는 do조동사를 사용하지 않고 ③처럼 각각의 동사 뒤에 not을 붙이면 됩니다.

✎조동사 · 법조동사: 〈Lesson 8: B. 조동사〉 참고

③–1 I am tired. 난 피곤해. → I am not tired. 난 안 피곤해. be동사

③–2 I have been there. 난 거기 가 본 적 있어. → I have not been there. 난 거기 가 본 적 없어. have조동사

③–3 I can go. 난 갈 수 있어. → I cannot go. 난 갈 수 없어. 법조동사

not은 앞 동사와 함께 don't, won't 등으로 축약 가능하다

not은 하나의 단어(부사)이기 때문에 당연히 띄어 써야 합니다. 하지만 cannot은 특이하게 붙여 씁니다. not은 n't의 형태로 앞의 동사와 함께 축약형contraction으로 사용될 수도 있습니다. 보통은 don't, doesn't, didn't, isn't, haven't, can't와 같이 동사의 형태는 변하지 않는데 will not은 특이하게 ④–1처럼 변합니다.

④-1 I won't go. = I will not go.
난 안 갈 거야.

am과 not을 축약하면 ain't가 되는데 ain't는 현대 영어에서는 속어로만 사용됩니다. 그래서 am을 축약하려면 ④-2처럼 주어와 축약을 해야 하죠.

④-2 I'm not tired. (I ain't tired.)
속어

명령문에는 보통 주어가 없다

명령문은 말 그대로 명령을 할 때 사용하는 문장이고 영어에서 유일하게 주어가 없는 문장입니다. 주어 You가 생략되고 동사원형으로 시작되죠. 그래서 ⑤-1처럼 단어 하나(동사)만으로도 문장이 성립됩니다.

⑤-1 (You) Run! 뛰어! 명령문

명령문에는 동사원형이 사용되므로 be동사가 사용될 때는 ⑤-2처럼 Are가 아닌 Be로 시작합니다.

⑤-2 (You) Be quiet! 조용해! 명령문

명령문에서는 보통 주어가 생략이 되지만 항상 그런 것은 아닙니다. 특히 ⑥처럼 상대방에게 똑같은 명령을 할 때는 You를 사용하고 You에 강세를 주어 말해야 하죠.

⑥ A: Shut up! 입 다물어!
B: You shut up! 너나 입 다물어!

부정명령문에는 항상 Don't를 사용한다

부정명령문에는 동사의 종류에 관계없이 ⑦처럼 무조건 Don't를 사용합니다. 주어 You는 선택적으로 Don't 다음에 사용될 수 있죠.

⑦-1 Don't run! = Don't you run! 뛰지 마!
*You don't run!

⑦-2 Don't be stupid! = Don't you be stupid. 멍청하게 굴지 마!
*Be not stupid. *You don't be stupid.

Never 또는 Don't ever는 강한 금지를 나타낸다

강한 금지를 나타내려면 ⑧처럼 Never 또는 Don't ever를 사용하면 됩니다.

⑧-1 Never run! = Don't (you) ever run!
절대 뛰지 마!

⑧-2 Never be stupid! = Don't (you) ever be stupid!
절대 멍청하게 굴지 마!

B 의문문

Yes/No 의문문에서는 주어와 조동사가 항상 도치된다

의문문은 질문할 때 사용하는 문장이며, Yes/No 의문문과 Wh-의문문으로 나뉩니다. Yes/No 의문문은 동사 또는 조동사가 문두에 와야 하는데 be 외의 본동사를 포함한 문장에서는 부정문처럼 do조동사를 사용합니다.

	평서문	의문문
①-1	I like it.	Do I like it? be 외의 본동사
①-2	She likes it.	Does she like it? 3인칭 단수 현재시제
①-3	They liked it.	Did they like it? 과거시제

be동사, have조동사, 법조동사가 포함된 문장에서는 ②처럼 주어와 동사를 도치시키면 Yes/No 의문문이 되죠.

	평서문	의문문
②-1	I am tired.	Am I tired? be동사
②-2	I have been there.	Have I been there? have조동사
②-3	I can go.	Can I go? 법조동사

Wh-의문문에서는 의문사가 항상 문두에 온다

Wh-의문문은 의문사(who, where, what, why, how 등)가 항상 문두에 와야 합니다. ③-1처럼 의문사가 주어일 때는 평서문과 어순이 같습니다.

③-1 A: Who finished first? 누가 맨 먼저 끝났어? B: I finished first. 내가 맨 먼저 끝났어. 주어

반면에 ③-2, ③-3, ③-4처럼 의문사가 주어가 아닐 때는 Yes/No 의문문과 같이 주어와 (조)동사 도치를 해야 하죠.

③-2 A: Who do you like? 누구를 좋아해?
B: I like Will Smith. Will Smith를 좋아해. 목적어

③–3 A: What are you eating? 뭐 먹고 있어?

B: I am eating a cheeseburger. 나 치즈버거 먹고 있어. 목적어

③–4 A: What is that? 저거 뭐야?

B: That is a tennis ball. 저건 테니스공이야. 보어

C 감탄문과 기원문

감탄문은 'What+명사' 또는 'How+형용사'의 형태다

감탄문은 감탄을 할 때 사용하는 문장인데 좋은 감정은 물론이고 안 좋은 감정을 나타낼 때도 사용됩니다. 감탄문에는 What으로 시작하는 감탄문과 How로 시작하는 감탄문 두 종류가 있습니다. What은 명사와 함께 쓰이고 How는 형용사와 함께 쓰이죠.

①–1 What a game! 정말 굉장한 경기야! What+명사
단수명사

①–2 What a wonderful world! 정말 멋진 세상이야!
형용사 명사

What은 ①–1처럼 명사와만 사용되기도 하고 ①–2처럼 '형용사+명사'와 사용되기도 합니다. How는 ②–1처럼 형용사와만 사용되기도 하고 ②–2처럼 '부사+형용사'와 사용되기도 하죠.

②–1 How beautiful! 정말 아름다운데! How+형용사
형용사

②–2 How incredibly strange! 정말 믿을 수 없을 만큼 이상한데!
부사 형용사

'What+명사',
'How+형용사'
뒤의 '주어+동사'
는 주로 생략된다

'What+명사', 'How+형용사' 뒤에는 '주어+동사'가 올 수도 있지만 보통 생략됩니다. ①에서 What 다음에 부정관사 a가 사용된 이유는 game과 world가 단수명사이기 때문입니다. 복수명사 앞에는 ③-1처럼 a를 사용하지 않죠.

③-1 What crazy ideas! 정말 황당한 발상들이군!
복수명사
= What crazy ideas they are!

How 감탄문에서는 '주어+동사' 대신에 ③-2처럼 of me와 같은 전치사구를 사용하기도 합니다.

③-2 How silly of me! 나도 참 어리석지!
형용사+of
= How silly I am!

기원문은
동사원형을 사용
해 만들 수 있다

기원문은 바라는 것이 이뤄지기를 빌 때 사용하는 문장입니다. 기원문을 만드는 방법에는 두 가지가 있습니다. 첫째는 간단하게 ④-1처럼 동사원형을 쓰는 것입니다.

④-1 Peace be with you! (John 20:21)
동사원형
너희에게 평강이 있을지어다. (요한복음 20장 21절)

동사원형을 사용할 때는 ④-2처럼 주어를 마지막에 두는 어순을 사용하는 경우가 많습니다. 「Grammar 절대 매뉴얼-실전편」 〈Lesson 25: B. 도치〉 참고

하나님을 지칭할 때는 God, You 등을 대문자로 씁니다.

④-2 Blessed be Your name. 주님의 이름이 신성하기를.
동사원형

기원문은 'May+주어+동사원형'의 어순으로도 만들 수 있다

기원문을 만드는 두 번째 방법은 ⑤처럼 'May+주어+동사원형'의 어순을 사용하는 것입니다.

⑤-1 May the king live a long life!
임금님 만세!
= Long live the king!

⑤-2 May the Force be with you.
Force가 당신과 함께하기를. (영화 〈Star Wars〉의 유명한 대사)

어순은 의문문과 같지만 기원문이므로 물음표는 사용할 수 없고 느낌표 또는 마침표를 써야 합니다.

1 동사의 종류에 따라 '동사+not' 또는 'do+not+동사원형'을 사용하여 부정문을 만든다.

e.g. She likes it. → She does not like it.
I can go. → I cannot go.

2 명령문에는 주어가 없고, 부정명령문은 항상 Don't로 시작한다.

e.g. Run! Don't run!

3 Yes/No 의문문에서는 주어와 (조)동사가 항상 도치되고, Wh-의문문에서는 의문사가 항상 문두에 온다.

e.g. She likes it. → Does she like it?
e.g. A: What is that? B: That is a tennis ball.

4 감탄문은 'What+명사' 또는 'How+형용사'의 형태를 취한다.

e.g. What a wonderful world! How incredibly strange!

5 기원문은 간단히 동사원형으로 만들거나 'May+주어+동사원형'의 어순으로도 만들 수 있다.

e.g. Peace be with you! May the Force be with you.

Grammar Upgrade

다음 두 문장은 어떤 종류의 문장일까요?

ⓐ Let's go. ⓑ Let it go.

let은 '~하게 하다'라는 뜻의 동사입니다. let의 특이한 점은 to부정사가 아닌 원형부정사를 취한다는 것이죠. 그래서 ⓐ, ⓑ에서 모두 to go가 아닌 go가 사용된 것입니다.

✎〈Lesson 16: A. 부정사〉/「Grammar 절대 매뉴얼-실전편」의 〈Lesson 10: E. 원형부정사〉 참고

ⓐ와 ⓑ는 모두 주어 없이 동사로 시작했으므로 명령문입니다. Let's는 '~하자'라는 뜻이고 Let us를 축약한 것입니다. 따라서 ⓐ와 ⓒ는 같은 문장이라고 볼 수 있지만 사실 의미가 좀 다릅니다.

ⓒ Let us go. ≠ ⓐ Let's go.
우리를 가게 해 달라. 가자.

ⓐ는 '가자.'라는 뜻이지만 ⓒ는 '우리를 가게 해 달라.'는 뜻이죠. ⓒ를 부정명령문으로 바꾸려면 다른 부정명령문처럼 앞에 Don't를 사용하면 됩니다.

ⓓ Don't let us go. 우리를 가게 하지 마.

ⓐ를 부정명령문으로 바꿀 때도 앞에 Don't를 사용할 수 있지만 보통은 ⓔ처럼 Let's 다음에 not을 사용합니다.

ⓔ Let's not go. 가지 말자.

ⓑ Let it go.를 직역하면 '그것을 가게 해.'인데 상황에 따라 '그냥 놔둬.' '그쯤 해 둬.' '잊어버려.' 등으로 해석될 수 있습니다. ⓑ를 부정명령문으로 바꾸려면 let 앞에 Don't를 사용하면 되겠죠.

ⓕ Don't let it go. 그냥 놔두지 마.

GRAMMAR MANUAL

PART 2

품사의 모든 것
Parts of Speech

Lesson 05 명사 Nouns
Lesson 06 대명사 Pronouns
Lesson 07 형용사 Adjectives
Lesson 08 동사 I Verbs I
Lesson 09 동사 II Verbs II
Lesson 10 부사와 감탄사 Adverbs & Interjections
Lesson 11 접속사 I Conjunctions I
Lesson 12 접속사 II Conjunctions II
Lesson 13 전치사 Prepositions
Lesson 14 한정사 Determiners

명사
Nouns

ⓐ Athena는 우유를 아주 좋아해.
ⓑ 그녀는 희망으로 가득 차 있었다.
ⓒ 나는 아이들 두 명이 있다.
ⓓ 나는 네 명의 가족이 있다.
ⓔ 이 차는 정말 멋진 차야.

정답 ⓐ는 A의 ②-1번, ⓑ는 A의 ③-2번, ⓒ는 B의 ②번, ⓓ는 B의 ③-2번, ⓔ는 B의 ⑦-2번 문장을 보세요.

A 명사의 종류

진짜 이름은 '고유명사'이고 항상 대문자로 시작한다

명사의 가장 기본적인 분류는 고유명사와 보통명사로 나누는 것입니다. 모든 고유명사는 ①-1처럼 대문자로 시작하고 모든 보통명사는 ①-2처럼 소문자로 시작하기 때문이죠.

①-1 My brother's name is Matthew. 내 동생의 이름은 Matthew다.
(Matthew: 고유명사)

①-2 He is a lawyer. 그는 변호사다.
(lawyer: 보통명사)

noun이라는 말도 name(이름)이란 뜻의 라틴 어 nomen에서 유래한 것입니다.

명사(名詞)noun는 말 그대로 '이름'을 가리키는 단어입니다. lawyer(변호사)가 명사인 이유도 여러 직업 중 하나의 이름이기 때문입니다. 그런데 진짜 이름은 따로 있죠. Matthew처럼 진짜 이름(고유한 이름)을 나타내는 명사는 고유명사입니다. 반면에 lawyer처럼 진짜 이름을 나타내지 않는 다른 모든 명사는 보통명사이죠.

일정한 형태가 없는 명사는 '물질명사'라고 한다

보통명사 중에는 book(책), car(자동차), pen(펜)과 같은 명사 이외에 milk(우유), salt(소금), gold(금), wood(나무)처럼 일정한 형태가 없는 명사도 있습니다. 이런 명사를 물질명사라고 하죠.

②-1 Athena loves milk. Athena는 우유를 아주 좋아해.
milk: 물질명사

②-2 I need more salt. 나는 소금이 더 필요해.
salt: 물질명사

②-3 Gold is expensive. 금은 비싸.
Gold: 물질명사

추상적인 개념을 나타내는 명사는 '추상명사'라고 한다

보통명사 중에는 love(사랑), hope(희망), happiness(행복), peace(평화)처럼 추상적인 개념을 나타내는 명사도 있습니다. 이런 명사는 추상명사라고 하죠.

③-1 Love is in the air. 사랑의 기운이 감돈다.
Love: 추상명사

③-2 She was full of hope. 그녀는 희망으로 가득 차 있었다.
hope: 추상명사

③-3 We should all pursue happiness. 우리는 모두 행복을 추구해야 한다.
happiness: 추상명사

물질 · 추상명사는 불가산명사이다

물질명사와 추상명사를 다른 보통명사와 구분하는 이유는 물질 · 추상명사는 '셀 수 없는 명사(=불가산명사)'이기 때문입니다. 다음 도표에 나타난 바와 같이 다른 모든 보통명사는 '셀 수 있는 명사(=가산명사)'입니다.

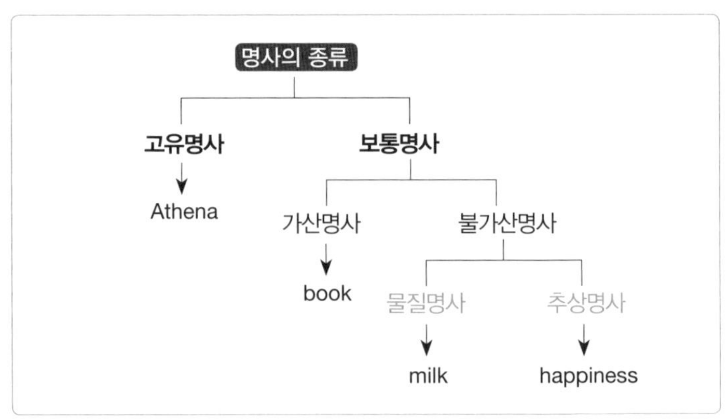

B 가산명사와 불가산명사

명사를 '셀 수 있다' = '복수형으로 바꿀 수 있다'

영어에서 명사를 셀 수 있다는 의미는 명사를 복수형으로 바꿀 수 있다는 뜻입니다. 복수형에는 규칙 변화와 불규칙 변화가 있습니다.

① I bought two books yesterday. 난 어제 책 두 권을 샀다.
규칙 변화 (one book, two books)

② I have two children. 나는 아이들 두 명이 있다.
불규칙 변화 (one child, two ~~childs~~)

규칙 변화에서는 명사 뒤에 -es를 붙인다

book+s와 같이 명사의 끝에 -s를 붙여 복수형을 만드는 것을 규칙 변화라고 합니다. 다음 표에 나타난 바와 같이 어미의 철자에 따라 -es를 붙이기도 하고 -es를 붙이기 전에 철자를 조금 바꾸기도 합니다.

〈명사의 규칙 변화〉

ⓐ	book-books lake-lakes	pin-pins phone-phones	house-houses prize-prizes	대다수의 명사 +-s
ⓑ	bus-buses class-classes quiz-quizzes	dish-dishes brush-brushes peach-peaches watch-watches	box-boxes fox-foxes stomach-stomachs	(-s, -z, -sh, -ch, -x)+-es -ch가 [k]로 발음되면+-s
ⓒ	baby-babies day-days	lady-ladies key-keys	city-cities toy-toys	자음+y =y를 i로+-es (모음+y)+-s
ⓓ	potato-potatoes tomato-tomatoes	hero-heroes echo-echoes		-o로 끝나는 몇 개의 단어+-es
ⓔ	half-halves leaf-leaves	life-lives knife-knives	예외 roofs, reefs, cliffs chiefs, beliefs, safes	-f, -fe를 -v로+-es

불규칙 변화는 아래 표에 정리된 것과 같이 세 가지로 나뉩니다. ⓐfish-fish처럼 단수형과 복수형이 같기도 하고, ⓑfoot-feet처럼 모음이 변하기도 하고, ⓒox-oxen처럼 어미에 -en을 붙이기도 하죠.

〈명사의 불규칙 변화〉

ⓐ	deer sheep swine	fish salmon shrimp	series means Japanese	단수형 =복수형
ⓑ	man-men woman-women	foot-feet tooth-teeth goose-geese	mouse-mice louse-lice	모음 변화
ⓒ	ox-oxen	child-children		+-en

여러 명이 모여 이뤄진 명사는 '집합명사'라고 한다

가산명사 중에는 family(가족), staff(전체 직원), audience(청중), committee(위원회), faculty(교수단)처럼 여러 명이 모여 이뤄진 집합체를 나타내는 명사도 있습니다. 이런 명사를 집합명사라고 하죠. 중요한 것은 집합명사의 복수형은 집합체의 복수를 뜻한다는 것입니다. 따라서 '네 명의 가족'이라고 하려면 four families가 아니라 ③-2처럼 a family of four라고 해야 합니다.

③-1 I have four families. = 나는 네 개의 다른 가족이 있다.
나는 ~~네 명의 가족~~이 있다.

③-2 나는 네 명의 가족이 있다. = I have a family of four.
or There are four people in my family.

그리고 '가족 중 네 명'은 ③-3처럼 four family members라고 해야 하죠.

③-3 I have four family members in the military.
내 가족 중 네 명이 군대에 있다.

불가산명사는 원칙적으로 복수형이 없고 a(n)과 쓰이지 않는다

가산명사와 달리 불가산명사는 원칙적으로 복수형을 만들 수도 없고 부정관사 a(n)과 사용될 수도 없습니다.

④-1 I need more salt~~s~~. ④-2 I need ~~a~~ salt. 물질명사

⑤-1 She needs more love~~s~~. ⑤-2 She needs ~~a~~ love. 추상명사

따라서 물질·추상명사를 셀 때는 a cup of, a piece of와 같은 '부분사partitive'를 사용해야 합니다.

⑥-1 Can we get two cups of coffee? 커피 두 잔 주실 수 있을까요?
부분사 + 물질명사

⑥-2 I have an important piece of information. 난 중요한 정보가 있어.
부분사 + 추상명사

불가산명사도 가산명사처럼 사용될 수 있다

하지만 상황에 따라서는 불가산명사도 가산명사처럼 사용될 수가 있습니다.

⑦-1 Two coffees, please. 커피 두 잔 부탁합니다.

⑦-2 This car is a beauty. 이 차는 정말 멋진 차야.

⑦-1처럼 물질명사의 단위를 나타낼 경우, ⑦-2처럼 추상명사의 구체적인 예를 나타낼 경우는 불가산명사도 복수형 또는 부정관사와 사용될 수 있죠.

1 명사는 크게 '고유명사'와 '보통명사'로 나뉘는데, 고유명사는 항상 대문자로 시작한다.

e.g. My brother's name is Matthew.
(brother's: 보통명사, name: 보통명사, Matthew: 고유명사)

2 일정한 형태가 없는 '물질명사', 추상적인 개념을 나타내는 '추상명사'는 모두 불가산명사이다.

e.g. I need more salt. (물질명사) Love is in the air. (추상명사)

3 '가산명사'의 복수형에는 규칙 변화와 불규칙 변화가 있다.

e.g. I bought two books yesterday. 규칙 변화
I have two children. 불규칙 변화

4 '집합명사'의 복수형은 집합체의 복수를 뜻한다.

e.g. I have four families. vs. I have a family of four.

5 불가산명사는 원칙적으로 복수형이 없고 a(n)과 함께 사용되지 않는다.

e.g. She needs more love~~s~~. She needs ~~a~~ love.

다음 네 명의 슈퍼히어로 이름 중 나머지 셋과 종류가 다른 것은 뭘까요?

ⓐ Superman ⓑ Batman ⓒ Spider-Man ⓓ Iron Man

Batman, Spider-Man, Iron Man은 모두 다른 두 단어가 합쳐져서 하나의 단어가 된 합성어compound입니다. 각각 bat(박쥐), spider(거미), iron(철)과 man(남자)이 합쳐진 합성어들이죠.

반면에 super-는 단어가 아니고 '위에', '극도로'의 뜻을 가진 접두사입니다. ✎〈Lesson 15: A. 접두사〉 참고 따라서 Superman은 Batman, Spider-Man, Iron Man과 같은 합성어가 아니고 접두사를 포함하고 있는 단순명사입니다. 하지만 회화체에서는 super를 ⓔ와 같이 형용사로, 또는 ⓕ처럼 부사로 사용하기도 하죠.

ⓔ We had a super time together. 우리는 함께 최고의 시간을 보냈어.
(super: 형용사)

ⓕ She is super cute. 그녀는 정말 귀여워.
(super: 부사)

합성어는 Batman, weekend(주말)처럼 두 단어를 붙여 쓰기도 하고 Spider-Man, double-decker(이층 버스)처럼 하이픈hyphen을 사용해 연결하기도 하며, Iron Man, post office(우체국)처럼 띄어서 쓰기도 합니다. 특별한 규칙은 없고 보통 처음에는 하이픈으로 연결하거나 두 단어로 쓰다가 시간이 지나면서 smartphone처럼 한 단어로 붙여 사용하는 경우가 많죠.

Lesson

06 대명사

Pronouns

ⓐ 그녀는 이것들을 좋아해.
ⓑ 나는 중요한 사람이 되고 싶어.
ⓒ 화창한 날이야.
ⓓ 이게 내 차야.
ⓔ 네 자신이 해야 해 .

정답 ⓐ는 A의 ①-2번, ⓑ는 A의 ③-2번, ⓒ는 B의 ④-1번, ⓓ는 B의 ⑥-1번, ⓔ는 B의 ⑧번 문장을 보세요.

A 대명사의 종류

명사를 대신하는 단어를 '대명사'라고 한다

대명사(代名詞)는 명사를 대신하는 단어입니다. 아래 표에 정리한 것처럼 대명사는 다섯 가지로 나뉩니다.

<대명사의 종류〉

	간단한 정의	예
ⓐ 인칭대명사	사람을 가리키는 대명사	I/me/mine/myself, we, you, he, she, it, they 등
ⓑ 관계대명사	형용사절을 이끄는 대명사	who, which, that*
ⓒ 의문대명사	의문문에 사용하는 대명사	who, which, what**
ⓓ 지시대명사	사물 · 사람을 가리킬 때 사용하는 대명사	this/these, that/those
ⓔ 부정대명사	정해지지 않은 사물 · 사람을 가리키는 대명사	nobody, anyone, something, everything 등

* what은 명사절을 이끄는 자유 관계대명사임. (p. 183 참고)
**where, when, why, how는 의문부사임.

다섯 종류의 대명사 중 가장 중요한 것은 인칭대명사와 관계대명사입니다. 인칭대명사를 모르면 기본적인 대화가 불가능하고 관계대명사를 모르면 형용사절을 만들 수 없기 때문이죠.

✎〈Lesson 19: B. 관계대명사〉 참고

지시대명사는 단독으로 쓸 때만 지시대명사다

지시대명사는 this, that과 이들의 복수형 these, those뿐입니다.

①-1 I like this. 나는 이게 좋아.
this: 지시대명사

①-2 She likes these. 그녀는 이것들을 좋아해.
these: 지시대명사

지시대명사가 명사와 함께 쓰이면 명칭이 달라집니다. ②에서 this와 these는 명사 class, flowers와 함께 쓰였으므로 더 이상 지시대명사가 아니고 명사를 한정해 주는 지시한정사가 됩니다.

✎〈Lesson 14: 한정사〉 참고

②-1 I like this class. 나는 이 수업이 좋아.
this: 지시한정사

②-2 She likes these flowers. 그녀는 이 꽃들을 좋아해.
these: 지시한정사

부정대명사는 형용사의 수식을 받을 수 있다

명사와 달리 대명사는 일반적으로 형용사의 수식을 받지 못하는데, 예외적으로 부정대명사는 형용사의 수식을 받을 수 있습니다. 형용사가 명사를 꾸며 줄 때는 ③-1처럼 명사의 앞에 놓입니다.

③-1 I want to become an important person.
important: 형용사, person: 명사

나는 중요한 사람이 되고 싶어.

그런데 똑같은 형용사가 부정대명사를 꾸며줄 때는 ③-2처럼 꼭 부정대명사 뒤에 와야 하죠.

③-2 I want to become somebody important.
부정대명사 형용사
나는 중요한 사람이 되고 싶어.

B 인칭대명사

영어에서는 격에 따라 인칭대명사의 형태가 달라진다

주어 자리에 사용되는 인칭대명사를 '주격대명사', 목적어 자리에 사용되는 대명사를 '목적격대명사'라고 하는데, 영어에서는 격에 따라 인칭대명사의 형태가 달라집니다. 반면에 한국어는 명사 · 대명사에 조사를 붙여 각각의 격을 나타내기 때문에 단어는 변하지 않죠.

①-1 우리는 아기들을 좋아해. = We like babies.
주격 목적격 주격

①-2 아기들은 우리를 좋아해. = Babies like us.
주격 목적격 목적격

엄밀히 말하면 '이(가)'가 '주격조사'이고 '은(는)'은 대조 또는 알려진 정보를 나타내는 '보조사'입니다.

인칭대명사인 We, us와 달리 보통명사인 babies는 격에 따라 형태가 변하지 않습니다. babies가 ①-1에서는 목적어로 사용되었고 ①-2에서는 주어로 사용되었지만 똑같은 형태를 취하고 있죠. Athena, Jaden과 같은 고유명사도 ②에서처럼 격에 따라 형태가 변하지 않습니다.

②-1 Athena likes Jaden. = She likes him. 그녀는 그를 좋아해.
S O 주격 목적격

②-2 Jaden likes Athena. = He likes her. 그는 그녀를 좋아해.
S O 주격 목적격

인칭대명사는 격과 수를 구분하고 3인칭은 성별도 구분한다

인칭은 세 종류로 나뉘는데 말하는 사람이 1인칭, 듣는 사람이 2인칭, 그리고 나머지는 모두 3인칭입니다. 아래 표에 나타난 것처럼 인칭대명사는 각 인칭의 격(주격, 소유격, 목적격, 재귀대명사)과 수(단 · 복수)를 구분하는데, 3인칭에서는 성별도 구분합니다. 그래서 ②에서 Athena와 Jaden이 같은 3인칭이지만 각각 She, her와 him, He가 되는 것이죠.

〈인칭대명사〉

			주격대명사 (~은,는,이,가)	소유한정사 (~의)	목적격대명사 (~을)	소유대명사 (~의 것)	재귀대명사 (~ 자신)
1 인칭	단수		I	my	me	mine	myself
	복수		we	our	us	ours	ourselves
2 인칭	단수		you	your	you	yours	yourself
	복수						yourselves
3 인칭	단수	남성	he	his	him	his	himself
		여성	she	her	her	hers	herself
		중성	it	its	it	--	itself
	복수		they	their	them	theirs	themselves

it은 주로 사물을 가리키지만 사람을 가리킬 수도 있다

3인칭 중성 it은 ③-1처럼 주로 사람이 아닌 사물을 가리킵니다.

③-1 I like this book, and she'll like it too.
나는 이 책을 좋아해, 그리고 그녀도 이것을 좋아할 거야.

하지만 ③-2와 ③-3처럼 사람의 성별을 모르거나 아기를 가리킬 때도 it을 사용하죠.

③–2 (when there is a knock on the door) Who is it?
(누가 문을 두드렸을 때) 누구세요?

③–3 You can also put it up for adoption.
아기를 입양시킬 수도 있습니다.

it은 아무 의미 없는 주어로 쓰일 수도 있다

it은 아무 의미 없이 주어 자리만 차지하고 있을 수도 있습니다. 이런 it을 비인칭 it이라고 합니다. 주로 ④처럼 날씨, 명암, 거리, 시간 등을 나타내죠.

④–1 It's a sunny day. 화창한 날이야.

④–2 It's too bright in there. 저 안은 너무 밝아.

④–3 It's close to here. 여기서 가까워.

④–4 It's six o'clock in the morning. 오전 6시야.

명사의 소유격을 나타낼 때는 's를 붙인다

인칭대명사는 소유격이 따로 있는데, 명사는 소유격을 나타낼 때 보통명사와 고유명사에 모두 's를 붙입니다.

⑤–1 Athena loves her little brother's smile.
(her: 소유격, brother's: 소유격)
= Athena loves Jaden's smile.
(Jaden's: 소유격)
Athena는 그녀의 남동생의 미소(=Jaden의 미소)를 아주 좋아한다.

⑤–2 Jaden loves his big sister's jokes.
(his: 소유격, sister's: 소유격)
= Jaden loves Athena's jokes.
(Athena's: 소유격)
Jaden은 그의 누나의 농담(=Athena의 농담)을 아주 좋아한다.

소유격은 소유한 정사와 소유대명사로 나뉜다

her, his, my처럼 뒤에 명사를 수반하는 소유격을 소유한정사라고 하고, hers, his, mine처럼 명사 없이 단독으로도 사용할 수 있는 것을 소유대명사라고 합니다.

⑥–1 This is my car. = This is Isaiah's car.
소유한정사 / 소유한정사
이게 내 차(=Isaiah의 차)야.

⑥–2 This is mine. = This is Isaiah's.
소유대명사 / 소유대명사
이게 내 거(=Isaiah 거)야.

his를 제외한 모든 인칭대명사는 소유한정사와 소유대명사의 형태가 다른 반면, 명사는 똑같이 's를 사용합니다.

재귀대명사는 목적어로 사용되어 주어 자신을 지칭한다

재귀reflexive대명사는 문장에서 목적어로 사용되어 주어 자신을 지칭합니다.

⑦–1 You should prepare yourself.
단수 / 재귀대명사
너는 너 자신을 준비시켜야 한다.

⑦–2 You should prepare yourselves.
복수 / 재귀대명사
너희는 너희 자신들을 준비시켜야 한다.

2인칭 대명사는 재귀대명사를 제외하고 단 · 복수가 동일합니다. 그래서 ⑦과 같이 재귀대명사에 따라 주어의 수가 결정되죠.

재귀대명사는 강조용법으로도 사용된다

재귀대명사는 강조를 위해 사용될 수도 있습니다.

⑧ You should do it (yourself).
강조용법
네 자신이 해야 해. = 네가 해야 해.

⑦에서는 재귀대명사가 목적어로 사용되었기 때문에 생략이 불가능합니다. 하지만 ⑧처럼 강조용법으로 쓰인 재귀대명사는 모두 생략이 가능하죠.

1 명사를 대신하는 단어를 '대명사'라고 하고, '부정대명사'만 형용사의 수식을 받을 수 있다.

e.g. I want to be somebody(부정대명사) important(형용사).

2 영어에서는 격과 수에 따라 '인칭대명사'의 형태가 달라지고 3인칭은 성별도 구분한다.

e.g. Athena(S) likes Jaden(O). = She(주격) likes him(목적격).

3 it은 주로 사물을 가리키지만 사람을 가리킬 수도 있고 아무 의미 없는 주어로 쓰일 수도 있다.

e.g. Who is it? It's a sunny day.

4 인칭대명사의 소유격은 소유한정사와 소유대명사로 나뉜다.

e.g. This is my(소유한정사) car. This is mine(소유대명사).

5 재귀대명사는 목적어로 사용되어 주어 자신을 지칭하거나 강조용법으로 사용된다.

e.g. You should prepare yourself(목적어). You should do it (yourself)(강조용법).

Grammar Upgrade

인칭대명사에서 특이한 것은 2인칭 단수와 복수의 구분이 없다는 것이죠. 그런데 사실 초기 근대 영어(Early Modern English, 1500–1650)에서는 2인칭 대명사도 아래 표와 같이 단수와 복수를 구분하였습니다.

〈2인칭 대명사의 단수와 복수〉

		주격대명사	소유한정사	목적격대명사	소유대명사	재귀대명사
2 인칭	단수	thou	thy/thine *	thee	thine	thyself
	복수	ye	your	you	yours	yourselves

* 모음 소리와 h 자 앞에서는 thine이 사용됨.

초기 근대 영어 시대의 가장 유명한 작가 셰익스피어(Shakespeare)도 물론 ⓐ처럼 2인칭 단수 대명사 thou, thy, thee를 사용하였죠.

ⓐ If thou dost marry, I'll give thee this plague for thy dowry.

(*Hamlet*, Act III, Scene 1)

= If you do marry, I'll give you this plague for your dowry.

네가 만일 결혼한다면, 지참금 대신 이런 저주를 보내 주마. (〈햄릿〉 3막 1장)

그리고 1611년에 영국에서 발간된 성경책 〈The King James Version〉에서도 ⓑ처럼 2인칭 단수 대명사가 사용되었습니다.

ⓑ Thou shalt not steal. (Exodus 20:15)

= You will/shall not steal.

도둑질하지 말라. (출애굽기 20장 15절)

요즘은 ye와 you를 구분하지 않지만 초기 근대 영어에서는 크리스마스 캐럴 〈Oh, Come, All Ye Faithful(참 반가운 성도여)〉에서처럼 2인칭 복수 주격대명사로 ye를 사용하였습니다.

ⓒ Oh, come, all ye faithful, joyful and triumphant!
Oh, come ye, oh come ye to Bethlehem.
참 반가운 성도여!
다 이리 와서 베들레헴 성 안에 가 봅시다.

joyful and triumphant를 직역하면 '기뻐하는 그리고 승리에 찬'인데 우리말 캐럴에는 '참 반가운'으로 되어 있죠.

ye([ji:])가 없어지고 주격과 목적격으로 모두 you를 사용하게 된 것은 영어 학습자들에게는 천만다행입니다. 한국어에서는 '이' 앞에 y 소리를 추가할 수 없기 때문에 ye를 제대로 발음하는 것은 거의 불가능하기 때문이죠.

참고로 '아, 에, 오, 우' 앞에 y를 넣으면 각각 '야, 예, 요, 유'가 되는데, year(해, 년)과 ear(귀), yeast(효모)와 east(동쪽)를 각각 구분해서 발음하기 어려운 이유도 한국어에서는 '이' 앞에 y 소리를 넣을 수 없기 때문입니다.

형용사
Adjectives

ⓐ 하늘은 푸르다.
ⓑ 그 소년은 두려워하고 있어.
ⓒ 그는 힘세고 용감한 남자야.
ⓓ 이게 가장 어려운 시험이야.
ⓔ 언니보다는 내가 더 예뻐.

정답 ⓐ는 A의 ①-2번, ⓑ는 A의 ②-2번, ⓒ는 A의 ④-1번, ⓓ는 B의 ④-2번, ⓔ는 B의 ⑥-1번 문장을 보세요.

A 형용사의 정의와 용법

형용사는 명사나 대명사를 꾸며 주는 말이다

형용사는 **명사나 대명사를 꾸며 주는 말**입니다. 명사를 수식할 때는 ①-1처럼 앞에서 직접 수식할 수 있지만 대명사를 수식할 때는 ①-2처럼 be동사의 보어로 사용되어야 합니다.

①-1 the blue sky 푸른 하늘 명사 수식
(blue: 형용사, sky: 명사)

①-2 The sky is blue. = It is blue. 하늘은 푸르다. 대명사 수식
(It: 대명사, blue: 형용사)

한국어에서는 형용사가 동사처럼 '~다'로 끝나서 문장의 서술어로 쓰일 수 있습니다. 하지만 영어에서는 문장이 성립되려면 ①-2처럼 동사가 꼭 필요하죠.

형용사는 한정용법 또는 서술용법으로 사용된다

형용사의 용법에는 두 가지가 있습니다. ①-1, ②-1처럼 명사를 직접 수식하는 것을 한정용법, ①-2, ②-2처럼 보어로 사용되어 명사나 대명사를 간접적으로 수식하는 것을 서술용법이라고 하죠.

②-1 He is an only child. *The child is only. 한정용법
그는 외동이야.

②-2 The boy is afraid. *He is an afraid boy. 서술용법
그 소년은 두려워하고 있어.

대부분의 형용사는 ①의 blue처럼 두 용법으로 모두 사용될 수 있습니다. 하지만 ②의 only처럼 한정용법으로만 사용되는 형용사도 있고 afraid와 같이 서술용법으로만 사용되는 형용사도 있죠. (afraid, asleep, alone, alive, awake, alike처럼 a로 시작되는 형용사는 거의 모두 서술용법으로만 사용됩니다.)

한정용법으로 사용되는 형용사들은 아래 표에 나타난 것과 같이 다시 '누적 형용사'와 '대등 형용사'로 나뉩니다.

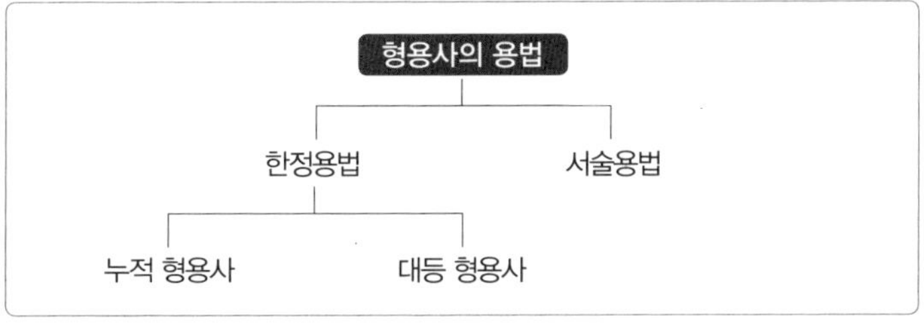

누적 형용사의 순서는 바꿀 수 없다

③-1에서 car를 꾸며 주는 4개의 형용사들은 모두 다른 의미 범주에서 나왔습니다.

③-1 I have a small old blue Korean car. 누적 형용사
크기 나이 색깔 태생 = 다른 의미 범주
나는 작고 오래된 파란 국산 자동차가 있어.

각각 다른 의미 범주에서 나온 형용사들을 '누적 형용사'라고 하는데 그 이유는 small이 car를 수식하는 것이 아니고 old blue Korean car를 수식하고 old는 blue Korean car를, blue는 Korean car를 수식하기 때문입니다. 따라서 누적 형용사는 ③-2처럼 순서를 바꾸면 비문이 됩니다.

③-2 *I have a blue Korean old small car.

그리고 ③-3처럼 형용사들 사이에 쉼표를 사용할 수 없고 ③-4처럼 마지막 두 개의 형용사를 and로 연결할 수도 없습니다.

③-3 *I have a small, old, blue, Korean car.

③-4 *I have a small old blue and Korean car.

대등 형용사의 순서는 바꿀 수 있다

반면에 동일한 의미 범주에 속하여 명사를 대등하게 꾸며 주는 '대등 형용사'는 순서를 바꿔서 사용할 수 있습니다.

④-1 He is a strong, brave man. 대등 형용사
동일 의미 범주
그는 힘세고 용감한 남자야.

④-2 He is a brave, strong man.
동일 의미 범주
그는 용감하고 힘센 남자야.

strong과 brave는 사람의 특징을 묘사하는 동일한 의미 범주에 속하는 형용사들이고 man을 각각 대등하게 꾸며 줍니다. 그리고 이 두 형용사 사이에는 ④-1, ④-2처럼 쉼표를 사용하거나 ④-3, ④-4처럼 and를 사용해야 합니다.

④–3 He is a strong and brave man.

④–4 He is a brave and strong man.

B 비교급과 최상급

정도를 나타내는 형용사만 비교가 가능하다

정도를 나타내지 않는 dead(죽은), main(가장 중요한), final(마지막의) 등과 같은 형용사는 비교가 불가능합니다.

① *This is deader than that. 이건 저것보다 더 죽었어.

하지만 대다수의 형용사는 old, young처럼 나이가 많고 적고의 정도를 나타내므로 비교가 가능하죠. 이런 형용사들은 -er과 -est를 붙여서 각각 비교급과 최상급으로 사용할 수 있고 비교급은 than과 함께, 최상급은 the와 함께 사용됩니다.

②–1 Athena is older than Jaden. 비교급
Athena는 Jaden보다 나이가 많아.

②–2 I am the oldest person in my family. 최상급
우리 식구 중에 내가 가장 나이가 많아.

비교급 = -er, 최상급 = -est

older, oldest처럼 단순히 -er과 -est를 붙여서 비교급과 최상급을 만드는 것을 규칙 변화라고 합니다. 하지만 모든 형용사가 규칙 변화를 따르는 것은 아니죠. 예를 들어 good의 비교급과 최상급은 각각 *gooder, *goodest가 아니고 better, best입니다.

③–1 I am better than my brother. 형보다는 내가 낫지.
*gooder

③-2 I am the best! 내가 최고야!
*goodest

이런 변화를 불규칙 변화라고 하는데, 불규칙 변화는 아래 표에 정리한 다섯 가지 정도밖에 없습니다.

〈불규칙 변화〉

원급	비교급	최상급
good & well	better	best
bad & ill	worse	worst
many & much	more	most
little	less	least
far	farther(**거리**가 더 먼) further(**정도**가 더 한)	farthest furthest

3음절 이상 형용사의 비교급과 최상급에는 more와 most를 사용한다

사실은 불규칙 변화보다 규칙 변화가 더 복잡합니다. -er, -est를 붙이려면 우선 형용사의 음절이 하나 또는 둘이어야 합니다. difficult, interesting과 같이 3음절 이상인 형용사는 모두 ④처럼 more와 most를 사용하여 각각 비교급과 최상급을 만들죠.

④-1 This book is more interesting than that one.
이 책이 그 책보다 더 재밌어.

④-2 This is the most difficult test.
이게 가장 어려운 시험이야.

fun을 제외한 모든 1음절 형용사에는 -er, -est를 붙인다

old, young, tall, short과 같은 1음절 형용사를 비교급/최상급으로 만들 때는 -er/-est를 붙이는데, 이상하게도 fun에는 more와 most를 사용합니다.

⑤–1 This game is a lot more fun.
이 게임이 훨씬 더 재밌어.

⑤–2 We played the most fun game.
우리가 가장 재밌는 게임을 했어.

2음절 형용사에는 -er, -est와 more, most가 혼용된다

진짜 문제는 2음절 형용사입니다. 별 이유 없이 -er, -est를 붙이기도 하고 more, most를 사용하기도 하기 때문이죠. 예를 들어 ⑥처럼 pretty의 비교급은 -er를 붙이고 handsome의 비교급은 more를 사용합니다.

⑥–1 I am prettier than my sister.
언니보다는 내가 더 예뻐.

⑥–2 He is more handsome than John.
John보다는 걔가 더 잘생겼어.

pretty의 비교급이 *prettyer가 아닌 이유는 다음 페이지의 표에서처럼 y로 끝나는 단어는 y를 i로 바꿔야 하기 때문입니다. 그리고 large처럼 e로 끝나는 단어는 *largeer, *largeest가 아니라 그냥 -r, -st만 붙여 larger, largest가 되고, big처럼 '단모음+단자음'으로 끝나는 단어는 *biger, *bigest가 아니라 마지막 자음을 반복한 뒤 -er, -est를 붙여서 bigger, biggest라고 해야 하죠.

〈규칙 변화〉

	원급	비교급 (-er)	최상급 (-est)
	tall	taller	tallest
자음+y로 끝날 때 = y를 i로 + -er/-est	dirty pretty happy	dirtier prettier happier	dirtiest prettiest happiest
-e로 끝날 때 = + -r/-st	safe large simple	safer larger simpler	safest largest simplest
'단모음+단자음'으로 끝날 때 = 마지막 자음 반복 + -er/-est	big sad thin	bigger sadder thinner	biggest saddest thinnest

1 형용사는 명사나 대명사를 꾸며 준다.

e.g. the blue sky　　　　It is blue.

2 다른 의미 범주에 속한 형용사(=누적 형용사)의 순서는 바꿀 수 없다.

e.g. I have a small old blue Korean car.

→ *I have a blue Korean old small car.

3 같은 의미 범주에 속한 형용사(=대등 형용사)의 순서는 바꿀 수 있다.

e.g. He is a strong, brave man. = He is a brave, strong man.

4 비교급과 최상급을 만들 때 1음절 형용사에는 원칙적으로 각각 -er과 -est를, 3음절 이상 형용사에는 각각 more와 most를 사용한다.

e.g. Athena is older than Jaden.

This is the most difficult test.

다음 두 문장은 어떻게 다를까요?

ⓐ I am happy.

ⓑ I am a happy person.

happy가 ⓐ에서는 서술용법, ⓑ에서는 한정용법으로 쓰인 것도 맞지만 더 중요한 것은 의미의 차이입니다.

ⓐ I am happy.(나는 행복해.)는 언제 바뀔지는 모르지만 지금은 행복하다는 뜻입니다. 반면에 ⓑ I am a happy person.(나는 행복한 사람이야.)은 항상 행복하다는 뜻이죠. 말 그대로 서술용법은 주어의 상태를 서술해 주고 한정용법은 뒤에 오는 명사가 어떤 명사라고 뜻을 한정해 주기 때문입니다.

그럼 심한 감기몸살에 걸려 일주일 넘게 고생하고 있다는 것을 강조하고 싶을 때 적절한 표현은 다음 중 어떤 것일까요?

ⓒ I'm sick.

ⓓ I'm a sick man.

건강한 사람이 감기에 걸린 것은 일시적인 상황이므로 ⓒ I'm sick.(나 아파.)이라고 해야 합니다. 하지만 감기 때문에 일주일 넘게 고생하고 있는 상황을 강조하고 싶을 때에는 ⓓ I'm a sick man.(나 아픈 남자야.)이 더 적절하겠죠. a sick man은 '지병을 가지고 있는 남자'라는 뜻이기 때문입니다.

Lesson 08 동사 I
Verbs I

ⓐ 제가 들어가도 되겠습니까?
ⓑ 그가 옳은 게 틀림없어.
ⓒ 인생은 공평하지 않다.
ⓓ 그들은 즐겁게 저녁을 먹었어.
ⓔ 이 시험은 어려워 보여.

정답 ⓐ는 B의 ⑤-2번, ⓑ는 B의 ⑦번, ⓒ는 C의 ①-2번, ⓓ는 C의 ②-2번, ⓔ는 C의 ③-5번 문장을 보세요.

A 동사의 종류와 문장의 형식

영어의 동사는 크게 조동사, 연결동사, 자동사, 타동사로 나뉜다

Lesson 2에서 문장은 주어와 술부로 나뉘고 이 두 가지 중에서 술부가 더 중요하며, 술부에서 가장 중요한 역할을 하는 것은 동사라고 배웠습니다. 동사가 가장 중요한 이유는 동사의 종류에 따라 문장의 형식이 결정되기 때문이죠. 영어의 동사는 크게 다음 네 가지로 나뉩니다.

Ⓐ 조동사　Ⓑ 연결동사　Ⓒ 자동사　Ⓓ 타동사

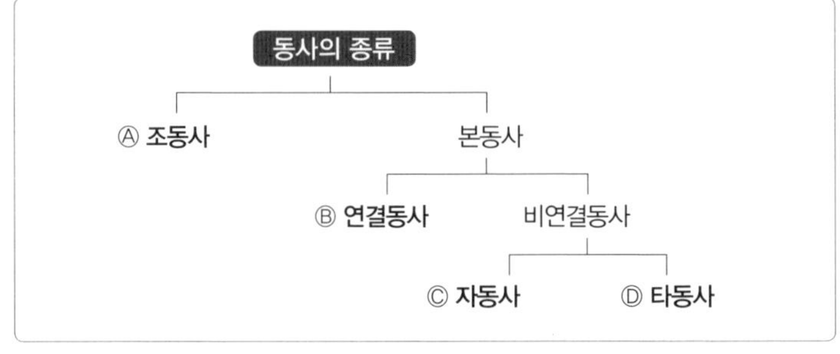

연결동사는 '불완전 자동사'라고도 하는데 사실 연결동사는 자동사보다 상위 개념입니다. 연결동사는 형용사를 보어로 취할 수 있는 반면 비연결동사(=자동사와 타동사)는 부사의 수식을 받는 공통점이 있기 때문이죠.

영어의 문장은 동사의 종류에 따라 다섯 가지 형식으로 나뉜다

영어의 문장은 다섯 가지 형식으로 나뉩니다. 본동사(=연결동사, 자동사, 타동사)가 세 가지 종류임에도 불구하고 문장이 5형식으로 나뉘는 이유는 아래 표에 나타난 것과 같이 타동사가 다시 '단순 타동사', '수여동사', '불완전 타동사'로 나뉘기 때문이죠.

〈동사의 종류와 문장의 5형식〉

	술부	문장형식	예
주어+	자동사	1형식	Money talks. 돈이면 다 돼.
	연결동사+주격보어	2형식	Talk is cheap. 말은 쉽지.
	(단순)타동사+목적어	3형식	He likes grammar. 걔는 문법을 좋아해.
	수여동사+간접목적어+직접목적어	4형식	You gave me hope. 넌 내게 희망을 주었어.
	불완전 타동사+목적어+목적격보어	5형식	I made him angry. 내가 걔를 화나게 했어.

B 조동사

본동사를 보조하는 동사인 '조동사'는 do, be, have, 법조동사로 나뉜다

조동사helping(또는 auxiliary) verb란 본동사를 보조하는 동사를 일컫는 말입니다. 영어의 조동사는 ①의문문과 부정문에 사용되는 do, ②수동태와 진행형에 사용되는 be, ③완료형에 사용되는 have, 그리고 ④법조동사modal로 분류됩니다.

①-1 Do you love me? 의문문
저를 사랑하세요?

①-2 I don't know. 부정문
모르겠는데.

②-1 He was killed in action. 수동태
그는 전사하였다. (=교전 중에 죽임을 당했다.)

②-2 She is studying. 현재진행형
그녀는 공부하고 있는 중이야.

③ We have been to Australia. 현재완료
우리는 호주에 가 본 적이 있어.

✎수동태: 〈Lesson 17: B. 수동태〉 / 진행형과 완료형: 〈Lesson 18: B. 시제와 상〉 참고

모든 법조동사는 아직 일어나지 않은 일을 나타낸다

법조동사modal란 '의지, 가능, 허가, 충고, 의무' 등을 나타내는 조동사를 일컫는 말입니다. '의지, 가능, 허가, 충고, 의무' 등과 같은 개념을 법성modality이라고 하는데, will, can, may, should, must 등이 이런 법성을 나타내 주므로 법조동사modal라고 하는 것이죠.

가정법의 '가정'도 법성의 한 종류이며, 모든 법성은 사실이 아니거나 아직 일어나지 않았다는 공통점을 가지고 있습니다. 다음 표에 정리한 것처럼 대부분의 법조동사는 각각 현재형과 과거형이 있습니다.

〈법조동사〉

기본적인 의미	현재형 법조동사	과거형 법조동사
의지 (~할 것이다)	will	would
가능 (~할 수 있다)	can	could
허가 (~해도 된다)	may	might
충고 (~해야 한다)	∅	should
의무 (~하지 않으면 안 된다)	must	∅

should의 현재형은 shall인데 미국 영어에서는 ④-1처럼 관용적인 표현에만 사용됩니다.

④-1 Shall we dance? 우리 춤출까요?

반면에 must는 과거형이 없어서 ④-2처럼 must와 동일한 뜻을 가진 have to의 과거형인 had to를 사용하죠.

④-2 I had to go home. 나는 집에 가지 않으면 안 됐어.

과거형 법조동사도 주로 현재 상황을 나타낸다

법조동사에는 현재형과 과거형이 따로 있지만 사실 과거형 법조동사도 주로 현재 상황을 나타냅니다.

⑤-1 Would you help me, please? 저 좀 도와주시겠어요?

⑤-2 Could I come in? 제가 들어가도 되겠습니까?

⑤에서 과거형 Would, Could를 사용한 이유는 각각 현재형 Will, Can보다 공손한 표현이기 때문이지 과거를 나타내기 위한 것은 아닙니다.

✎과거형을 사용하면 공손한 표현이 되는 이유:
「Grammar 절대 매뉴얼-실전편」의 〈Lesson 4: 공손함 표현하기〉 참고

will은 가장 높은 확률, must는 가장 강한 추측을 나타낸다

법조동사의 중요한 용법 중 하나는 확률과 추측을 나타내는 것입니다. 확률과 추측을 나타내는 법조동사를 강도에 따라 나열하면 다음 표와 같습니다. 가장 높은 확률을 나타내는 will과 가장 강한 추측을 나타내는 must를 제외하면 동일한 법조동사가 똑같은 강도의 확률과 추측을 나타내는 데 사용되죠.

〈확률과 추측을 나타내는 법조동사〉

	ⓐ 확률		ⓑ 추측
높음	will	강함	must
↕	should	↕	should
	may		may
낮음	might/could	약함	might/could

⑥ 내일은 비가 올 것이다.

It will rain tomorrow. 가능성이 가장 높음

It should rain tomorrow.

It may rain tomorrow.

It might/could rain tomorrow. 가능성이 가장 낮음

내일은 비가 올지도 모른다.

⑦ 그가 옳은 게 틀림없어.

He must be right. 가장 강한 추측

He should be right.

He may be right.

He might/could be right. 가장 약한 추측

그가 옳을지도 몰라.

법조동사는 3인칭 단수형이 없고 항상 동사원형과 함께 쓰인다

다른 조동사(= do, be, have)와 달리 법조동사는 ⑥, ⑦처럼 주어가 3인칭 단수일 때도 -s를 붙이지 않습니다. 그리고 법조동사 뒤에 오는 본동사는 모두 rain, be처럼 동사원형이 되어야 하죠.

C 연결동사

주어와 보어를 연결해 주는 동사를 '연결동사'라고 한다

연결동사linking verb란 주어와 보어를 연결해 주는 동사를 말합니다. 보어로는 ①-1처럼 명사가 사용될 수도 있고 ①-2처럼 형용사가 사용될 수도 있죠. 둘 다 모두 주어에 관계된 말이므로 주격보어라고 합니다.

①-1 Love is patience. 사랑은 인내다.
(Love: 주어, patience: 주격보어)

①-2 Life is not fair. 인생은 공평하지 않다.
(Life: 주어, fair: 주격보어)

be동사는 가장 대표적인 연결동사이다

가장 대표적인 연결동사는 be동사입니다. 아래 표에 나타난 바와 같이 be동사는 주어와 시제에 따라 동사의 형태가 바뀝니다.

〈주어와 시제에 따른 be동사의 종류〉

			현재시제	과거시제
1인칭	단수	I	am	was
	복수	we	are	were
2인칭	단 · 복수	you	are	were
3인칭	단수	he/she/it	is	was
	복수	they	are	were

자 · 타동사는 부사의 수식을 받는다

be동사를 포함한 모든 연결동사의 특징은 ①-2처럼 형용사를 보어로 취할 수 있다는 것입니다. 반면에 비연결동사인 자동사, 타동사는 ②처럼 부사의 수식을 받습니다.

②-1 They lived happily ever after. 그 후로 그들은 행복하게 살았어.
자동사 부사 ~~happy~~

②-2 They ate dinner happily. 그들은 즐겁게 저녁을 먹었어.
타동사 부사 ~~happy~~

연결동사로 쓰인 지각동사는 형용사를 보어로 취한다

be동사 다음으로 대표적인 연결동사는 지각동사입니다. 오감을 나타내는 feel, smell, taste, sound, look이 연결동사로 사용될 수 있고 ③처럼 모두 형용사를 보어로 취합니다.

연결동사로 쓰인 지각동사는 "감각동사"로도 불립니다.

③-1 I feel awesome! 난 기분이 아주 좋아!
형용사

③-2 This cheese smells terrible. 이 치즈는 냄새가 고약해.
형용사

③-3 The apple pie tastes delicious. 애플파이는 맛있어.
형용사

③-4 You sound happy today. 너 오늘 행복한 것 같이 들리는데.
형용사

③-5 This test looks difficult. 이 시험은 어려워 보여.
형용사

자 · 타동사로 쓰인 지각동사는 부사의 수식을 받는다

하지만 지각동사가 항상 연결동사로 사용되는 것은 아닙니다. ④처럼 자동사, 타동사로 사용되기도 하는데, 이럴 때는 다른 자동사, 타동사와 마찬가지로 부사의 수식을 받아야 하죠.

④-1 You should feel it carefully. 이건 신중히 만져 봐야 해.
타동사 부사

④-2 Smell the flowers slowly. 천천히 꽃향기를 맡으세요.
타동사 부사

④-3 Taste your food thoroughly. 완전히 음식의 맛을 느끼세요.
타동사 부사

④-4 Sound the alarm quickly! 빨리 경보기를 울려!
타동사 부사

④-5 He looked at me angrily. 그는 화를 내며 나를 쳐다보았다.
자동사 부사

1 영어의 동사는 크게 조동사, 연결동사, 자동사, 타동사로 나뉜다.

2 '조동사'는 do, be, have, 법조동사로 나뉜다.

e.g. Do you love me? She is studying.
We have been to Australia. Shall we dance?

3 법조동사에는 현재형과 과거형이 따로 있지만, 과거형 법조동사도 주로 현재 상황을 나타낸다.

e.g. Would you help me, please?

4 법조동사는 3인칭 단수형이 없으며 항상 동사원형과 함께 쓰인다.

e.g. It will rain tomorrow. He must be right.
wills 동·원 musts 동·원

5 연결동사는 형용사를 보어로 취할 수 있지만, 비연결동사인 자 · 타동사는 부사의 수식을 받는다.

e.g. Life isn't fair. They lived happily ever after.
연결동사 형용사 자동사 부사

Grammar Upgrade

다음은 문법적으로 맞는 문장일까요?

ⓐ There's a lot of people. 사람이 아주 많아.

ⓐ의 주어는 there입니다. there가 부사로 사용될 때는 '거기에'라는 뜻을 가지지만 ⓐ처럼 문장의 주어로 사용될 때는 아무런 뜻이 없는 대명사입니다. 이런 there를 비지칭nonreferential there라고 하죠. 주로 be동사와 함께 쓰여 '~이 있다'로 해석되기 때문에 '유도부사'라고도 하는데, 부사는 주어로 사용될 수 없으므로 '유도부사'는 부정확한 명칭입니다.

비지칭 there가 주어로 사용된 문장의 특이한 점은 동사 뒤에 복수명사가 나오면 be동사는 are를 사용해야 한다는 점이죠. ⓐ에서는 people이라는 복수명사가 사용되었으므로 동사가 are가 되어야 하겠죠. 따라서 ⓐ는 비문입니다.

하지만 원어민들은 ⓐ와 같은 문장에서는 주로 are 대신 is를 씁니다. 동사 다음에 a lot이 나오기 때문에 습관적으로 there's a라고 말하는 것이죠. 물론 원어민들도 ⓑ처럼 동사 다음에 바로 복수명사가 오면 are를 사용합니다.

ⓑ There are hundreds of people. 사람이 아주 많아.

그럼 원어민들은 다음 문장에서 주로 is를 사용할까요, are를 사용할까요?

ⓒ There ____ a big table and five chairs in my office.

내 연구실에는 큰 탁자와 다섯 개의 의자가 있다.

문법적으로는 a big table and five chairs가 복수이기 때문에 are가 맞습니다. 하지만 동사 바로 다음에 a big table이 나오기 때문에 원어민들은 주로 is를 사용하죠. 격식 있는 문어체(또는 문법 시험)에서는 is와 are를 구분해야 하지만 일상 대화에서는 ⓐ, ⓒ와 같은 문장에서 are를 잘 사용하지 않습니다. 부자연스럽기 때문이죠.

Lesson 09 동사 II
Verbs II

ⓐ 나 좀 볼 수 있어?
ⓑ 나는 그에게 내 시계를 주었다.
ⓒ 그녀에게 저녁을 요리해(만들어) 줄 거야.
ⓓ 저를 도와주시기를 간청합니다.
ⓔ 난 그가 아주 재미있다고 생각한다.

정답 ⓐ는 A의 ③-1번, ⓑ는 B의 ①번, ⓒ는 B의 ④-2번, ⓓ는 B의 ⑥번, ⓔ는 C의 ②번 문장을 보세요.

A 자동사와 타동사

자동사는 목적어도 보어도 필요 없다

자동사vi=intransitive verb와 타동사vt=transitive verb는 목적어의 필요 여부에 따라 구분됩니다. 타동사는 목적어가 꼭 필요하지만 자동사는 ①처럼 목적어 없이 사용되죠. 자 · 타동사는 연결동사가 아니므로 물론 보어도 취하지 않습니다.

① This robot can talk(자동사), but it can't walk(자동사).
이 로봇은 말은 할 수 있는데 걸을 수는 없어.

타동사는 목적어가 꼭 필요하다

많은 동사들은 자동사와 타동사로 모두 사용될 수 있습니다. 따라서 어떤 맥락에서 어떤 동사로 사용되는지를 아는 것이 중요하죠. 예를 들어 look과 see는 모두 '보다'라는 뜻이지만 look은 주로 ②-1처럼 자동사로 쓰이고 see는 주로 타동사로 쓰입니다.

②–1 Look! 봐!
자동사

②–2 *See!
타동사

②-2가 비문인 이유는 목적어가 없기 때문이죠. 반면에 ②-3에는 목적어가 있으므로 비문이 아닙니다.

②–3 Can you see me? 나 보여?
타동사+목적어

자동사가 목적어를 취하려면 전치사와 함께 쓰여야 한다

②-3과 달리 ③-1에 전치사가 사용된 이유는 자동사는 목적어를 취할 수 없기 때문입니다.

③–1 Can you look at me? 나 좀 볼 수 있어?
자동사+전치사+목적어

영어에서 목적어를 취할 수 있는 것은 타동사와 전치사 외엔 없으므로 목적어를 취하기 위해 전치사를 사용한 것이죠. 따라서 전치사가 없는 ③-2는 비문입니다.

③–2 *Can you look me?

그런데 특이하게도 look me in the eye라는 숙어에서는 look이 타동사로 사용되죠.

③–3 Can you look me in the eye and say that?
타동사+목적어
내 눈을 똑바로 보고 그렇게 말할 수 있어?

새로운 것을 알게 되었을 때는 I see!

see도 물론 자동사로 사용될 수 있습니다. ④-1에서 see는 '(눈이) 보이다'라는 뜻이고 ④-2의 I see는 몰랐던 것을 깨달았을 때 사용하는 표현이죠.

④–1 Bats can see. 박쥐는 볼 수 있다(눈이 보인다).
자동사

④-2 Oh, I see! 아, 그렇군요!
자동사

동의를 나타내는 I know!에서 know는 자동사

I see와 달리 I know는 ⑤-1처럼 이미 알고 있다는 것을 나타내는 표현인데, ⑤-2처럼 동의를 할 때도 자주 사용됩니다.

⑤-1 A: You need to clean your room. 너 방 청소해야 해.

B: I know. = I know that. (그건) 알고 있어.
자동사 타동사

⑤-2 A: It's really cold today. 오늘 진짜 춥다.

B: I know! 맞아!
자동사

유의해야 할 것은 know가 ⑤-1에서는 자동사와 타동사로 모두 사용될 수 있지만, 동의의 표현으로 사용된 ⑤-2에서는 자동사로만 사용될 수 있다는 것이죠.

B 수여동사

두 개의 목적어를 취하는 동사를 '수여동사'라 한다

타동사 중에는 ①처럼 두 개의 목적어를 취할 수 있는 동사가 있습니다. 이런 동사를 수여동사ditransitive verb라고 하는데, give(주다=수여하다)가 목적어 두 개를 취할 수 있는 대표적인 동사이기 때문이죠.

① I gave him my watch. 나는 그에게 내 시계를 주었다.
간·목 직·목 간·목 직·목

'~에게'로 해석되면 간 · 목, '~을'로 해석되면 직 · 목

두 개의 목적어는 각각 간접목적어와 직접목적어라고 합니다. 간접목적어는 '~에게', 직접목적어는 '~을'로 해석이 됩니다. ①에서는 him이 간접목적어, my watch가 직접목적어로 사용되었죠.

give는 'to 수여동사'

①과 달리 ②에서는 gave가 하나의 목적어(my watch)를 취하는 단순 타동사로 사용되었습니다.

② I gave my watch to Jaden. 나는 내 시계를 Jaden에게 주었다.
gave의 목적어 to의 목적어

수여동사는 간접목적어를 직접목적어 뒤로 보냈을 때 취하는 전치사에 따라 다음 세 종류로 나뉩니다. give는 to를 취하므로 'to 수여동사'라고 합니다. (②에서 Jaden은 더 이상 gave의 간접목적어가 아니고 전치사 to의 목적어이지만 편의상 간접목적어라고 부르기도 합니다.)

〈수여동사의 종류〉

to 수여동사	**give**, send, tell, show, write, teach 등
for 수여동사	**buy**, make, cook, find, bring, open 등
of 수여동사	**ask**, beg, inquire, request, require, demand

buy는 'for 수여동사'

give와 달리 buy는 간접목적어를 직접목적어의 뒤로 보냈을 때 ③처럼 전치사 for를 사용해야 하므로 'for 수여동사'라고 합니다.

③-1 I bought Athena a ukulele. 나는 Athena에게 우쿨렐레를 사 주었다.
간·목

③-2 I bought a ukulele for Athena.

'for 수여동사'도 간 · 목에게 '~해 준다'는 의미를 가진다

모든 'for 수여동사'는 'to 수여동사'와 마찬가지로 간접목적어에게 '~해 준다'라는 의미를 가지고 있습니다.

④–1 I'll make him a kite. 그에게 연을 만들어 줄 거야.
간·목

④–2 I'll cook her dinner. 그녀에게 저녁을 요리해(만들어) 줄 거야.
간·목

④–3 I'll find him a girlfriend. 그에게 여자 친구를 찾아 줄 거야.
간·목

④–4 I'll bring you a present. 너에게 선물을 가져다줄게.
간·목

④–5 I'll open you a can of soda. 너에게 탄산음료 한 캔 따서 줄게.
간·목

ask는 'of 수여동사'

ask는 간접목적어를 직접목적어의 뒤로 보냈을 때 of를 사용해야 하므로 'of 수여동사'라고 합니다. 'of 수여동사'는 모두 ask(물어보다, 부탁하다, 요청하다)와 관련된 뜻을 가지고 있습니다.

⑤–1 I asked my teacher a question. 나는 선생님께 질문을 하였다.
간·목

⑤–2 I asked a question of my teacher.

⑤–2에서 of 대신 to를 사용하는 오류를 흔히 범하기도 합니다. of가 '~에게'라는 뜻으로 해석되는 것이 어색하게 느껴지기 때문이죠.

'ask+직 · 목+of+간 · 목'의 어순은 잘 사용되지 않는다

원어민들도 일상 대화에서는 ⑤–2와 같은 어순을 사용하지 않습니다. 'of+간 · 목'은 수동태에서 쓰이거나 ✎〈Lesson 17: B. 수동태〉 참고 ⑥과 같은 숙어적 표현이나 ⑦과 같은 문어체에서 주로 사용됩니다.

⑥ I beg of you to help me. 저를 도와주시기를 간청합니다.

⑦ The police requested of the protesters that they go home at once. 경찰은 시위자들에게 즉시 집으로 갈 것을 요청했다.

C 불완전 타동사

목적격보어를 취하는 동사를 '불완전 타동사'라고 한다

타동사 중에는 두 개의 목적어를 취하는 수여동사와 달리 목적어와 함께 목적격보어를 취할 수 있는 동사도 있습니다. 이런 동사를 '불완전 타동사'라고 하죠. 불완전 타동사의 가장 대표적인 동사는 make인데, ①에서 happy가 목적격보어인 이유는 목적어인 you를 행복하게 만든다는 뜻이기 때문입니다.

① I'll make you happy. 내가 널 행복하게 해 줄게.
목적어 목적격보어

마찬가지로 ②에서도 목적어인 him이 재미있는 사람이기 때문에 funny를 목적격보어라고 하는 것입니다.

② I find him very funny. 난 그가 아주 재미있다고 생각한다.
목적어 목적격보어

find를 '~을 찾아내다'의 뜻을 가진 단순 타동사로만 알고 있는 경우가 많지만, ②처럼 불완전 타동사로 쓰이는 것도 아주 흔합니다.

명사가 목적격보어로 사용될 수도 있다

주격보어로 사용될 수 있는 것은 형용사 외에 명사도 있습니다. 마찬가지로 목적격보어로도 ③처럼 명사가 사용될 수 있죠.

③ I'll make her a professional golfer.
목적어 목적격보어
난 그녀를 골프 선수로 만들 거야.

목적격보어인지 직접목적어인지는 의미에 의해 결정된다

그런데 명사가 목적격보어로 사용될 때는 문장의 의미를 잘 파악해야 합니다. 문장 마지막의 명사가 ③처럼 불완전 타동사의 목적격보어인지 아니면 ④처럼 수여동사의 직접목적어인지는 문장의 의미에 의해 결정되기 때문이죠.

④ I'll make her a beautiful new dress.
간·목 직·목
난 그녀에게 아름다운 새 드레스를 만들어 줄 거야.

③은 '그녀를 골프 선수로 만든다.'는 의미이므로 a professional golfer는 목적격보어가 됩니다. 하지만 ④에서는 그녀를 아름다운 새 드레스로 만들 수는 없으므로 a beautiful new dress가 수여동사 make의 직접목적어로 해석되는 것이죠.

1 자동사는 목적어도 보어도 필요 없지만 타동사는 목적어가 꼭 필요하다.
e.g. This robot can talk. Can you see me?
자동사 타동사 목적어

2 자동사가 목적어를 취하려면 전치사와 함께 사용되어야 한다.
e.g. Can you look at me?
자동사 전치사 목적어

3 수여동사는 두 개의 목적어를 취한다.
e.g. I gave him my watch.
간·목 직·목

4 'for 수여동사'도 간접목적어에게 '~해 준다'는 의미를 가진다.
e.g. I'll cook her dinner.
간·목

5 불완전 타동사는 목적어와 목적격보어를 취한다.
e.g. I find him very funny.
목적어 목적격보어

Grammar Upgrade

Jack과 Jill은 12시에 Jill의 집에서 함께 점심을 먹기로 했습니다. Jill의 집에 정시에 도착한 Jack은 초인종을 눌렀고 Jill은 문 쪽으로 걸어가며 Who is it?(누구세요?)이라고 물었습니다. 이때 Jack의 대답으로 적절한 문장은 무엇일까요?

ⓐ It's me. ⓑ It is I.

영어에서 목적어를 취할 수 있는 것은 타동사와 전치사밖에 없습니다. 연결동사인 is는 목적어를 취할 수 없고 단지 주어와 주격보어를 연결해 주는 역할을 하므로 주격보어 자리에는 주격대명사를 사용해야 합니다. 따라서 문법적으로 맞는 문장은 ⓑ It is I.입니다.

하지만 문법적인 표현이 항상 가장 적절한 표현은 아닙니다. 일상 대화에서는 모두 It's me.(나야.)라고 하지, 아무도 It is I.라고 하지 않습니다. 신약성경에 나오는 예수님처럼 들리기 때문이죠.

ⓒ But immediately Jesus spoke to them, saying, "Take heart; it is I. Do not be afraid." (Matthew 14:27)
예수께서 즉시 이르시되 "안심하라. 나니, 두려워하지 말라." (마태복음 14장 27절)

하지만 자기를 찾는 전화를 받았을 때는 요즘에도 ⓓ처럼 be동사 뒤에 주격대명사를 사용하는 사람들이 많습니다.

ⓓ Jill: May I speak to Jack? Jack과 통화할 수 있을까요?
Jack: This is he. 제가 Jack인데요.

물론 This is he. 대신 This is him.이라고 하는 사람도 많고 간단히 Speaking.(말하고 있습니다.(=전데요.))이라고 하는 사람도 많습니다. 주의할 것은 전화를 받았을 때 I'm Jack.이라고는 하지 않는다는 것이죠.

〈Lesson 8: 동사 I〉의 Grammar Upgrade에서 배운 것과 마찬가지로 상황과 격식을 구분하지 않고 문법책에서 배운 모든 것을 일상 대화에 사용하면 자연스러운 대화를 할 수 없습니다. 가장 문법적인 표현이 항상 가장 적절한 표현인 것은 아니기 때문이죠.

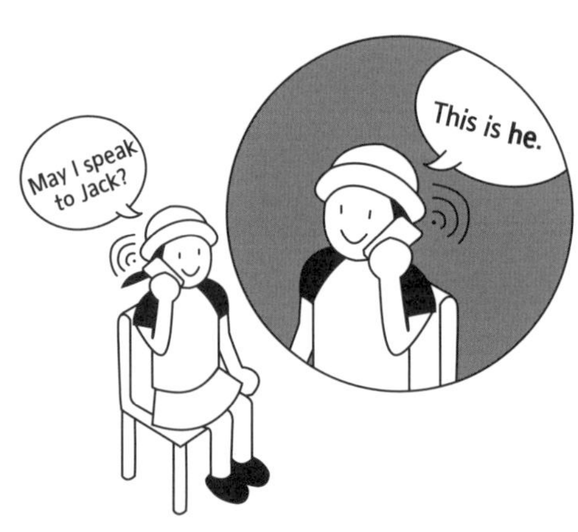

Lesson 10

부사와 감탄사

Adverbs & Interjections

ⓐ 닭고기조차 나를 메스껍게 만들어.
ⓑ 우리는 저녁을 일찍 먹었어.
ⓒ 난 바로 여기에 있었어.
ⓓ 아이고! 학교에 늦었네!
ⓔ 맙소사, 배고파 죽겠네.

정답 ⓐ는 A의 ④번, ⓑ는 A의 ⑥-2번, ⓒ는 A의 ⑦-3번, ⓓ는 B의 ①-1번, ⓔ는 B의 ⑤번 문장을 보세요.

A 부사

명사는 형용사가 수식하고 동사는 부사가 수식한다

부사adverb의 가장 간단한 정의는 '동사를 수식하는 단어'입니다. adverb에 verb동사라는 단어가 포함되어 있으니 외우기도 쉬운 데다가 '명사는 형용사가 수식하고 동사는 부사가 수식한다.'라고 세트로 외워 놓으면 더욱 좋습니다.

① I memorized this book verbatim. 나는 이 책을 글자 그대로 외웠다.
동사 수식 부사

부사는 동사 외에 형용사, 부사, 명사도 수식할 수 있다

그런데 사실 부사는 ①처럼 동사만 수식하는 것이 아니고 ②처럼 형용사를 수식하기도 하고 ③처럼 다른 부사를 수식하기도 합니다. 심지어는 ④처럼 명사를 수식하기도 하죠.

② I'm really tired. 난 정말 피곤해.
형용사 수식 부사

③ He can run very fast. 그는 아주 빨리 달릴 수 있어.
부사 수식 부사

④ Even chicken makes me sick. 닭고기조차 나를 메스껍게 만들어.
명사 수식 부사

adverb의 verb도 사실은 '동사'를 뜻하는 것이 아니고 '단어'라는 뜻의 라틴 어에서 온 말입니다. 그래서 ①에서 사용된 verbatim이라는 부사의 뜻이 '동사 그대로'가 아닌 '단어(글자) 그대로'가 되는 것이죠.

already처럼 부사로만 사용되는 단어는 많지 않다

부사 중에는 already(벌써), often(자주), soon(곧)처럼 다른 단어에서 파생되지 않고 순수하게 부사로만 쓰이는 단어들이 있습니다. 하지만 그렇게 많지는 않죠. 이런 순수 부사를 제외한 나머지 부사들은 아래 표에 정리한 것과 같이 세 종류로 나뉩니다.

〈부사의 종류〉

Ⓐ 형용사+ly		Ⓑ 형용사 = 부사	Ⓒ 형용사와 부사가 다른 뜻		
				형용사	부사
ⓐ honest+ly	honestly	fast	pretty	예쁜	꽤
quick+ly	quickly	early	very	바로, 맨	매우
ⓑ happy+ly	happily	late	right	옳은, 우측의	바로
easy+ly	easily	long	hard	단단한, 어려운	열심히
ⓒ true+ly	truly	close	even	평평한, 고른	~조차
possible+ly	possibly	far	well	건강한	잘, 제대로

really처럼 형용사에 -ly를 붙인 부사가 가장 많다

대부분의 부사는 really처럼 'Ⓐ 형용사에 -ly를 붙인 부사'입니다. happy-happily처럼 -y로 끝나는 형용사는 모두 y를 i로 바꾼 후 -ly를 붙이죠.

e로 끝나는 형용사 중에 true, possible처럼 -ue 또는 -le로 끝나는 형용사는 e를 삭제한 후 -ly를 붙입니다. 그밖에 e로 끝나는 형용사들은 ⑤에서처럼 e를 삭제하지 않고 그냥 -ly를 붙이죠.

⑤ safe-safely complete-completely

fast처럼 형용사와 부사의 형태가 같은 부사도 있다

모든 형용사가 부사로 사용될 때 -ly를 붙이지는 않습니다. fast처럼 'Ⓑ 형용사와 부사의 형태가 같은 부사'도 있습니다.

	형용사	부사
⑥-1	He is fast. 걔는 빨라.	He runs fast. 걔는 빨리 달려.
⑥-2	We had an early dinner. 우리는 이른 저녁을 먹었어.	We had dinner early. 우리는 저녁을 일찍 먹었어.
⑥-3	I was late. 나는 늦었어.	I woke up late. 나는 늦게 일어났어.
⑥-4	She waited for a long time. 그녀는 오랜 시간 동안 기다렸어.	She waited too long. 그녀는 너무 오래 기다렸어.
⑥-5	We're close friends. 우린 가까운 친구야.	Don't come too close. 너무 가까이 오지 마.
⑥-6	It's on the far left. 왼쪽 맨 끝에 있어.	Don't go too far. 너무 멀리 가지 마.

pretty처럼 형용사와 형태는 같지만 뜻이 다른 부사도 있다

그리고 pretty처럼 'Ⓒ 형용사와 형태는 같지만 다른 뜻으로 사용되는 부사'들도 꽤 있습니다.

	형용사	부사
⑦-1	She is pretty. 그녀는 예뻐.	He's pretty big. 걔는 꽤 커.
⑦-2	He called at that very moment. 바로 그 순간에 걔가 전화했어.	I'm very tired. 난 매우 피곤해.
⑦-3	I'm always right. 난 항상 옳아.	I was right here. 난 바로 여기에 있었어.
⑦-4	The test was hard. 시험이 어려웠어.	You need to study hard. 넌 열심히 공부해야 해.
⑦-5	The ground was not even. 땅이 평평하지 않았어.	Even I failed the test. 나조차 시험에 떨어졌어.
⑦-6	I hope you're well now. 지금은 건강하길 바라.	He plays the piano well. 그는 피아노를 잘 쳐.

부사의 위치는 대체로 자유롭다

동사를 수식하는 부사의 위치는 대체로 자유롭습니다. ⑧-1처럼 문장 끝에 올 수도 있고, ⑧-2처럼 동사 바로 뒤에 오거나 ⑧-3처럼 동사 바로 전에 올 수도 있죠.

⑧-1 I spoke to her frankly. 나는 그녀에게 솔직하게 이야기했어.

⑧-2 I spoke frankly to her. 나는 그녀에게 솔직하게 이야기했어.

⑧-3 I frankly spoke to her. 나는 그녀에게 솔직하게 이야기했어.

그런데 똑같은 부사를 ⑧-4처럼 문장 앞으로 보내면 문장 전체를 꾸며 주는 부사가 되어 의미가 변하는 경우가 많습니다.

⑧-4 Frankly, I spoke to her. 솔직히 말하면, 내가 그녀에게 이야기했어.

B 감탄사

'감탄사'는 화자의 감정을 나타낸다

말하는 이의 감정을 나타내 주는 단어를 감탄사interjections라고 합니다. 다른 문장 요소들과 관계없이 독립적으로 사용되기 때문에 9품사에 속하지만 문법책에서는 잘 다루지 않고 있죠. 감탄사에는 oops, hey, oh, wow, uh-oh, ouch, alas처럼 감탄사로만 쓰이는 것들이 있습니다.

①-1 Oops! I'm late for school! 아이고! 학교에 늦었네!

①-2 Hey, what are you doing? 야, 너 뭐 해?

그리고 man, well, shoot, my God, Jesus Christ처럼 다른 품사로도 쓰이는 감탄사들도 있죠. ①-2, ②-2처럼 감탄사 다음에 쉼표를 찍어 문장에 연결하면 문장 전체를 꾸며 주는 부사와 비슷한 역할을 합니다.

②-1 Man! This is heavy! 헉! 이거 무겁네!

②-2 Well, I'm not sure. 글쎄, 잘 모르겠는데.

다른 품사로도 쓰이는 감탄사에는 F**k!, Sh*t!, Damn!, Hell!과 같은 욕설과 각각의 완곡한 표현인 Frick!(또는 Frig!), Shoot!, Dang!(또는 Darn!), Heck!이 있습니다.

③ Shoot, I forgot my phone. 젠장, 휴대폰을 깜빡했네.

My God!처럼 두 개 이상의 단어가 모여 감탄사로 사용되기도 한다

한국 사람에게도 익숙한 Oh, my God!과 같이 두 개 이상의 단어가 모여 하나의 감탄사처럼 사용되는 것을 '감탄사 상당어구'라고 합니다. ④처럼 단순히 My God!이라고도 하고, My goodness!라고 해

도 비슷한 뜻이죠. 직역하면 '주여!'가 되고, '맙소사!', '이럴 수가!', '헐!' 등으로도 번역할 수 있습니다.

④ My God, this is stupid. 헐~, 어이없다.

안도의 기쁨을 나타낼 때는 Thank God!이라는 표현을 사용하기도 합니다. Oh, my God!과 비슷한 표현으로 Jesus Christ!(Jesus! 또는 Christ!도 가능)를 사용하기도 하는데, 예수님의 이름을 무분별하게 사용하는 것이므로 좋지 않은 표현으로 간주됩니다. 그래서 ⑤처럼 Geez!라는 표현을 사용하곤 하죠.

⑤ Geez, I'm starving. 맙소사, 배고파 죽겠네.

감탄사는 한국어로 번역하기가 쉽지 않다

감탄사는 한국어로 번역하기가 어려운 경우가 많습니다. Oops!는 주로 '이런', '아이고' 등으로 번역하는데, '아뿔싸!'라고 번역하는 경우도 있죠. Oh!, Wow! 같은 감탄사는 발음만 조금 다를 뿐이지 우리말의 '오~', '와~'와 비슷한 상황에서 사용됩니다.

반면에 우리말과는 전혀 느낌이 다른 Uh-oh!, Ouch!와 같은 감탄사도 있습니다. Uh-oh!는 ⑥처럼 Oops!와 비슷한 상황에서 사용될 수 있습니다.

⑥ Uh-oh! Mom's home already. 이런! 엄마가 벌써 집에 오셨어.

Ouch!는 어딘가에 신체 일부를 찧어서 아플 때 내는 소리인데 우리나라 사람들이 발음하기 어려운 감탄사 중 하나입니다. Ouch!는 1음절 단어인데, '아우취'라고 발음하면 3음절이 되기 때문이죠.

⑦ Ouch! That hurts! 아야! 아파!

슬픔 · 유감을 나타내는 Alas!는 문어체에서만 사용된다

셰익스피어(Shakespeare)의 비극 〈로미오와 줄리엣(*Romeo and Juliet*)〉의 2막 4장(Act 2, Scene 4)에는 감탄사 alas가 등장합니다.

⑧ Alas, poor Romeo! He is already dead.
아~, 가엾은 로미오! 이제 죽은 거나 다름없군.

Alas!는 슬픔 · 유감을 나타내는데, 주로 문어체에만 사용되고 일상 대화에서는 잘 사용되지 않습니다.

1 부사는 동사 외에 형용사, 부사, 명사도 수식할 수 있다.

e.g. He runs fast. (동사 수식) I'm really tired. (형용사 수식)
He can run very fast. (부사 수식) Even chicken makes me sick. (명사 수식)

2 대부분의 부사는 형용사에 -ly를 더한 형태이다.

e.g. honestly happily truly

3 형용사와 부사가 형태도 같고 뜻도 같을 수도 있다.

e.g. We had an early dinner. (형용사) We had dinner early. (부사)

4 형용사와 형태는 같지만 뜻이 다른 부사도 있다.

e.g. She is pretty. (형용사) He's pretty big. (부사)

5 감탄사는 감탄사로만 쓰이는 것과 다른 품사로도 쓰이는 것으로 나뉘며, 두 개 이상의 단어가 모여 감탄사로 사용되기도 한다.

e.g. Oops! I'm late for school!
Well, I'm not sure.
My God, this is stupid.

다음 중 틀린 문장은 무엇일까요?

ⓐ That's a big car.
ⓑ That's a too big car.
ⓒ That's a very big car.

too와 very는 모두 강조할 때 사용하는 부사입니다. 하지만 too는 '필요 이상으로', '너무 지나치게'라는 의미를 가지고 있기 때문에 very보다 더 강한 강조를 나타내죠.

명사구 안에서 강조가 가장 많이 되는 자리는 명사구의 앞부분입니다. 따라서 too가 꾸며 주는 형용사 big은 too와 함께 ⓓ처럼 명사구의 앞부분으로 이동해야 하죠.

ⓓ That's too big a car (for you).
그건 (너에겐) 너무 큰 차야.

그래서 ⓐ, ⓑ, ⓒ 중에 틀린 문장은 ⓑ가 됩니다. 'too+형용사+a(n)+명사'의 어순은 ⓔ와 같은 질문에서도 사용됩니다.

ⓔ How big a car do you need?
얼마나 큰 차가 필요한데?

ⓓ의 too big과 마찬가지로 ⓔ에서는 how big(얼마나 큰)이 가장 중요한 정보를 담고 있으므로 명사구의 앞부분으로 이동해야겠죠. 따라서 부정관사 a가 How big의 뒤로 오게 된 것입니다.

11 접속사 I
Conjunctions I

ⓐ 그를 위해서가 아니라 너를 위해서 할 거야.
ⓑ 난 피곤해, 그래서 잠 좀 자야겠어.
ⓒ 내일이면 죽을 테니 먹고 마시게 하소서.
ⓓ 나는 축구도 미식축구도 안 해.
ⓔ 난 최선을 다했음에도 불구하고 실패했어.

정답 ⓐ는 B의 ②번, ⓑ는 B의 ④번, ⓒ는 B의 ⑤번, ⓓ는 B의 ⑥-1번, ⓔ는 B의 ⑦번 문장을 보세요.

A 접속사의 종류

접속사는 등위접속사와 종속접속사로 나뉜다

접속사conjunction는 말 그대로 '연결해 주는 단어'입니다. 다음 표에 정리한 것처럼 접속사는 역할에 따라 등위접속사coordinating conjunction와 종속접속사subordinating conjunction로 나뉩니다.

〈접속사의 종류〉

등위접속사	문법상 대등한 것 (=단어와 단어, 구와 구, 절과 절)을 연결해 주는 접속사	**FANBOYS** = for, and, nor, but, or, yet, so for(왜냐하면 ~니까) yet(그럼에도 불구하고)
종속접속사	(세 종류의 종속절 중) 부사절과 명사절을 이끄는 접속사*	**부사절 종속접속사** = because, since, as, when, after, before, until, while, although, though, if(만약 ~하면) 등
		명사절 종속접속사(WIT) = whether, if, that if(~인지 아닌지)

* 종속절의 마지막 종류인 형용사절은 관계대명사가 이끎.

대부분의 접속사는 다른 품사로도 사용될 수 있다

접속사 중에는 다른 품사로도 쓰이는 것들이 많습니다. for, but, yet, that처럼 다른 품사로 쓰였을 때 의미가 달라지는 접속사도 있고, before, after, until, since처럼 품사가 달라져도 의미는 같은 접속사도 있습니다. so는 두 가지 경우에 모두 해당되는 접속사입니다.

〈다른 품사로도 쓰이는 접속사〉

		다른 품사	다른 품사의 예문
등위접속사	**for*** 왜냐하면 ~니까	전치사 (~를 위해)	Can you sing for me? 절 위해 노래해 주실 수 있을까요?
	but* 그러나	전치사 = except (~를 제외하고)	She invited everyone but me. 그녀는 나를 제외하고 모든 사람을 초대했다.
		부사 = only (문어체) (오직, 단지)	Life is but a dream. 인생은 단지 꿈이다.
	yet* 그럼에도 불구하고	부사 (아직)	I haven't read it yet. 아직 안 읽었어.
	so* 그래서	부사 (같은 뜻)	So, can you come to the party? 그래서, 파티에 올 수 있어?
		부사 (너무나)	Thank you so much. 너무나 감사해요.
종속접속사	**since*** ① ~때문에 ② ~한 때로부터	전치사 (~부터 계속)	I've lived in Korea since 2006. 2006년부터 계속 한국에 살고 있어.
	as* ① ~때문에 ② ~하는 동안 ③ ~대로	전치사 (~로서)	I'm working as a bartender. 나는 바텐더로 일하고 있다.

종속접속사	after ~한 후에	전치사 (같은 뜻)	I can meet with you after class. 수업 후에 널 만날 수 있어.
	before ~하기 전에	전치사 (같은 뜻)	I need to finish this before midnight. 나는 이것을 자정 전에 끝내야 해.
	until ~할 때 까지	전치사 (같은 뜻)	I waited for him until 2 o'clock. 2시까지 걔를 기다렸어.
	though ~이긴 하지만	부사 (문장 끝에서) (하지만)	I don't want it, though. 하지만 난 그걸 원하지 않아.
	that* (명사절을 이끎)	지시대명사 (그것)	I don't want that. 난 그것을 원하지 않아.
		관계대명사**	I want the book that was on the table. 난 테이블 위에 있었던 책을 원해.

* 다른 품사로 사용되었을 때 뜻이 달라짐.
** 〈Lesson 19: B. 관계대명사〉 참고

B 등위접속사

등위접속사 (FANBOYS)는 문법상 대등한 것을 연결한다

영어에는 7개의 등위접속사 for, and, nor, but, or, yet, so가 있습니다. 각 등위접속사의 앞 글자를 따서 FANBOYS라고 하죠. 이 중 가장 대표적인 등위접속사는 and, but, or입니다.

① My children's names are Athena and Jaden. 단어 연결
(Athena: 단어, Jaden: 단어)

내 아이들의 이름은 Athena와 Jaden입니다.

② I'll do it for you, but not for him. 구 연결
(for you: 구, not for him: 구)

그를 위해서가 아니라 너를 위해서 할 거야.

③ I may go out, or I may just stay home. 절 연결

절 절

나갈지도 모르고 집에 그냥 있을지도 몰라.

FANBOYS가 등위접속사로 불리는 이유는 문법적으로 대등한 ①단어와 단어, ②구와 구, ③절과 절을 연결해 주기 때문입니다.

so와 for는 주로 절을 연결한다

단어, 구, 절을 모두 연결할 수 있는 and, but, or와 달리 so와 for는 ④, ⑤처럼 주로 절을 연결하는 데 사용됩니다.

④ I'm tired, so I'm going to get some sleep.

절 절

난 피곤해, 그래서 잠 좀 자야겠어.

for는 문어체에서만 등위접속사로 사용된다

등위접속사 for(왜냐하면 ~니까)는 종속접속사 because(~ 때문에)와 비슷한 뜻을 가지고 있는데, 격식 있는 문어체에서 사용되는 표현이라서 일상 대화에서는 잘 사용되지 않습니다.

✎for와 because의 차이: 「Grammar 절대 매뉴얼-실전편」의 〈Lesson 3: A. 쉼표의 사용법〉 참고

⑤ Let us eat and drink, for tomorrow we shall die. (Isaiah 22:13)

절 절

내일이면 죽을 테니 먹고 마시게 하소서. (이사야서 22장 13절)

(= 먹고 마시게 하소서, 왜냐하면 내일이면 죽을 테니까.)

nor는 주로 'neither A nor B'로 사용된다

nor는 'neither A nor B(A도 아니고 B도 아닌)'의 형태로 주로 사용됩니다. 'neither A nor B'가 ⑥-1처럼 목적어(또는 보어)로 사용될 때는 'not ~ either A or B'로 바꿀 수 있습니다.

neither A nor B, either A or B, both A and B 등은 '등위 상관접속사'라고도 합니다.

⑥-1 I play neither soccer nor football.

= I don't play either soccer or football.

나는 축구도 미식축구도 안 해.

반면에 'neither A nor B'가 ⑥-2처럼 주어로 사용될 때는 'Both A and B ~ not'으로 바꿀 수 있습니다. ✎부정문에서 or와 and의 차이: 「Grammar 절대 매뉴얼-실전편」의 〈Lesson 13: B. Some과 Any〉 참고

⑥-2 Neither my daughter nor my son wants to become a doctor.
= Both my daughter and my son don't want to become doctors.
내 딸도 내 아들도 의사는 되고 싶지 않아 해.

단독으로 사용된 nor의 뒤에는 주어 · 조동사 도치가 일어난다

nor는 특이하게도 부정의 의미를 가지고 있기 때문에 단독으로 사용될 때는 nor 뒤에 의문문처럼 '조동사+주어'의 어순이 되어야 합니다. ✎「Grammar 절대 매뉴얼-실전편」의 〈Lesson 25: B. 도치〉 참고

⑥-3 My daughter doesn't want to become a doctor, nor does (조동사) my son (주어).
내 딸은 의사가 되고 싶지 않아 하고 내 아들도 그래.

단독으로 사용된 nor는 ⑥-4처럼 'and neither' 또는 'and ~ not (either)'로 바꿀 수 있습니다.

⑥-4 nor does my son
= and neither does my son
= and my son doesn't either

neither는 부사이지만 nor와 마찬가지로 부정의 의미를 가지고 있으므로 주어와 조동사가 도치됩니다.

등위접속사 yet은 예상치 못한 상황과 함께 쓰인다

등위접속사 yet은 '그럼에도 불구하고'라는 뜻을 가지고 있습니다.

⑦ I tried my best, yet I failed.
난 최선을 다했음에도 불구하고 실패했어.

단순한 역접을 나타내는 but(그러나, 하지만)과는 달리 yet은 ⑦에서처럼 예상치 못한 상황과 함께 사용됩니다.

1 접속사는 등위접속사와 종속접속사로 나뉜다.

2 등위접속사(FANBOYS)는 문법상 대등한 것을 연결한다.

e.g. My children's names are Athena(단어) **and** Jaden(단어).

I'll do it for you(구), **but** not for him(구).

I'm tired(절), **so** I'm going to get some sleep(절).

3 for는 문어체에서만 등위접속사로 사용되고, 절만 연결할 수 있다.

e.g. Let us eat and drink(절), **for** tomorrow we shall die(절).

4 nor는 주로 'neither A nor B(A도 아니고 B도 아닌)'로 사용된다.

e.g. Neither my daughter nor my son wants to become a doctor.

5 등위접속사 yet은 예상치 못한 상황을 나타낼 때 사용한다.

e.g. I tried my best, **yet** I failed

다음 두 문장에 들어갈 등위접속사는 각각 무엇일까요?

ⓐ Drink this, ______ you'll feel better.
이걸 마셔, 그러면 기분이 좋아질 거야.

ⓑ Stop, ______ I'll shoot.
멈춰, 그러지 않으면 쏘겠다.

ⓐ와 ⓑ의 '그러면'과 '그러지 않으면'을 각각 종속접속사 if를 사용해 표현하면 ⓒ와 ⓓ가 됩니다.

ⓒ Drink this. If you do, you'll feel better.
(= If you drink this, you'll feel better.)

ⓓ Stop. If you don't, I'll shoot.
(= If you don't stop, I'll shoot.)

ⓒ와 ⓓ는 모두 명령문과 (부사절을 포함한) 복문으로 구성되어 있습니다. 그런데 등위접속사 and 또는 or를 적절히 사용하면 ⓒ와 ⓓ를 모두 하나의 중문으로 만들 수 있습니다.

ⓔ Drink this, and you'll feel better.

ⓕ Stop, or I'll shoot.

명령문 뒤에 ⓔ처럼 and를 사용하면 '그러면'이라는 뜻이 되고 ⓕ처럼 or를 사용하면 '그렇지 않으면'이라는 뜻이 됩니다. 따라서 ⓐ에 들어갈 등위접속사는 and가 되고 ⓑ에 들어갈 등위접속사는 or입니다.

Lesson 12

접속사 II
Conjunctions II

ⓐ 너 꽤 바빠 보이니까 난 그냥 집에 갈게.
ⓑ 그녀가 나한테 말해 줄 때까지 난 몰랐어.
ⓒ 로마에서는 로마인들이 하는 대로 해라.
ⓓ 난 이게 정확한지 (아닌지) 모르겠어.
ⓔ 진실은 이 책이 흥미롭지 않다는 것이지.

정답 ⓐ는 A의 ①–2번, ⓑ는 A의 ②–4번, ⓒ는 A의 ⑤–1번, ⓓ는 B의 ①–1번, ⓔ는 B의 ②–3번 문장을 보세요.

A 부사절 종속접속사

부사절은 주로 문장 전체를 꾸며 주는 부사 역할을 한다

종속접속사는 '종속절을 이끄는 접속사'란 뜻이고, 부사절을 이끄는 '부사절 종속접속사'와 명사절을 이끄는 '명사절 종속접속사'로 나뉩니다. 종속절의 마지막 종류인 형용사절은 관계대명사가 이끌죠. ✎〈Lesson 19: 형용사절과 관계대명사〉 참고 부사절은 주로 문장 전체를 꾸며 주는 부사와 같은 역할을 하며 ①원인 · 이유, ②시간, ③대조, ④조건, ⑤방법 등을 나타냅니다.

because는 직접적인 원인, since와 as는 간접적인 원인을 나타낸다

because, since, as는 원인 · 이유를 나타내는 대표적인 종속접속사입니다. 이 세 가지 접속사 중 가장 직접적인 원인 · 이유를 나타내는 접속사는 because입니다. because란 말 자체에 명사 cause(원인 · 이유)를 포함하고 있기 때문이죠.

①-1 I couldn't lift the box because it was too heavy. 원인 · 이유
상자가 너무 무거워서 내가 들 수 없었다.

반면 since와 as는 주로 간접적인 원인을 나타냅니다.

①-2 Since you seem pretty busy, I'm just going to go home.
너 꽤 바빠 보이니까 난 그냥 집에 갈게.

①-3 As it was getting dark, we stopped playing soccer.
어두워지고 있어서 우리는 축구를 그만했다.

시간을 나타내는 부사절에서는 현재시제가 미래시제를 대신한다

시간을 나타내는 종속접속사는 when, after, before, until, since, while, as 등이 있습니다. 시간을 나타내는 부사절의 특이한 점은 ②-1, ②-2처럼 주절의 시제가 미래일 때 부사절에서는 미래시제를 사용하지 않고 현재시제를 사용한다는 것입니다.

②-1 I'll call you when she gets home. 시간
그녀가 집에 도착하면 내가 너한테 전화할게.

②-2 After I finish my homework, I'll clean my room.
숙제를 마친 후 내 방을 치울 거야.

②-3 Brush your teeth before you go to bed.
잠자리에 들기 전에 양치해.

②-4 I didn't know until she told me.
그녀가 나한테 말해 줄 때까지 난 몰랐어.

②-5 Since I came to Korea, I have been really busy.
한국에 온 후부터 나는 정말 바빴어.

as가 '~하자마자' 라는 뜻일 땐 while과 바꿔 쓸 수 없다

시간을 나타내는 while과 as는 비슷한 뜻을 가지고 있습니다. ②-6과 ②-7에서는 모두 '~하는 동안에'의 뜻으로 쓰였기 때문에 while과 as를 바꿔 써도 괜찮습니다.

②-6 She came to pick me up while I was sleeping.
내가 잠자고 있는 동안에 그녀가 나를 데리러 왔어.

②-7 I heard the scream as I was walking home.
집으로 걸어가고 있는 중에 그 비명을 들었어.

그런데 as는 ②-8처럼 '~하자마자'라는 뜻으로 쓰일 수도 있습니다. as가 '~하자마자'의 뜻으로 쓰일 때는 while과 바꿔 쓸 수 없습니다. while은 시간의 폭이 넓은 동작 또는 상태를 나타낼 때만 사용될 수 있기 때문이죠.

②-8 As I grabbed the basketball, he pushed me to the ground.
내가 농구공을 잡자마자 그가 나를 밀어서 넘어뜨렸다.

while은 주로 ②-6처럼 진행형과 사용되지만 ②-9처럼 단순시제와 사용될 수도 있습니다. ✎진행형과 단순시제: 〈Lesson 18: B. 시제와 상〉 참고

②-9 While I'm alive, I live my life.
내가 살아 있는 동안은 내 인생을 산다.

while은 although처럼 대조를 나타내기도 한다

while은 ③-1처럼 대조(또는 양보)를 나타내는 부사절에 사용되기도 합니다.

③-1 While he likes to snowboard, I hate all winter sports. 대조
= Although
그는 스노보드 타는 것을 좋아하지만 나는 모든 겨울 운동을 싫어한다.

대조를 나타내는 대표적인 종속접속사로는 although, though, even though가 있고 모두 '(비록) ~이긴 하지만'이란 뜻을 가지고 있습니다.

③-2 Although I met him before, I don't remember his name.
이전에 그를 만난 적은 있는데 그의 이름은 기억 못 하겠어.

while, although, though, even though는 모두 서로 바꿔 쓸 수 있는데 though와 even though는 주로 회화체에서 사용됩니다.

조건을 나타내는 부사절에서도 현재 시제가 미래시제를 대신한다

조건을 나타내는 종속접속사에는 if(만약 ~하면)와 unless(만약 ~하지 않으면)가 있습니다.

④-1 I want to live with you, if that's OK with you. 조건
당신과 함께 살고 싶습니다, 당신도 괜찮다면요.

unless는 보통 ④-2처럼 'if ~ not …'으로 바꿔 쓸 수 있습니다.

④-2 Unless you leave right now, you'll be late for school.
= If you don't leave right now
지금 바로 떠나지 않으면 넌 학교에 늦을 거야.

④-2의 부사절에 will이 사용되지 않은 이유는 시간을 나타내는 부사절과 마찬가지로 조건을 나타내는 부사절에서도 현재시제가 미래시제를 대신하기 때문입니다.

방법을 나타내는 as는 '~대로', '~처럼'의 뜻으로 사용된다

as는 원인 · 이유와 시간 외에 ⑤처럼 방법을 나타내기도 합니다. 방법을 나타낼 때는 '~대로', '~처럼'이라는 뜻으로 사용되죠.

⑤-1 When in Rome, do as the Romans do. 방법
로마에서는 로마의 법을 따르라(=로마인들이 하는 대로 해라).

⑤-2 Do unto others as you would have them do unto you.
(Luke 6:31)
남에게 대접을 받고자 하는 대로 너희도 남에게 대접하라. (누가복음 6장 31절)

성경책에 나오는 이 어구는 the Golden Rule(황금률)이라고도 하죠. unto는 to의 옛날 말입니다.

회화체에서는 as 대신 like가 자주 쓰인다

like는 원래 전치사라서 뒤에 절이 사용될 수 없지만 회화체에서는 방법을 나타내는 as 대신 자주 사용됩니다.

⑥-1 Like I said, you can always stay with us.
= As
내가 말한 대로, 너는 언제나 우리와 함께 지낼 수 있어.

⑥-2 Nothing's like it used to be.
= as
아무것도 예전 같지 않아.

be동사 뒤에 사용되는 부사절도 있다

⑥-2처럼 be동사 뒤에 부사절이 오는 것은 흔한 용법은 아닙니다. be동사 뒤에는 주로 형용사가 보어로 사용되기 때문이죠. 하지만 be동사도 ⑦처럼 부사구 또는 부사의 꾸밈을 받을 수 있습니다. 그래서 부사절이 be동사 뒤에 사용될 수도 있는 것이죠.

⑦-1 I'm in my room. 나는 내 방에 있어.
부사구

⑦-2 I'm here. 나 여기 있어.
부사

B 명사절 종속접속사

명사절 종속접속사는 whether, if, that(WIT)이 전부다

명사절은 명사처럼 문장(복문)에서 주어, 목적어, 보어의 역할을 합니다. 정확한 숫자를 파악할 수 없을 만큼 개수가 많은 부사절 종속접속사와는 달리 명사절을 이끄는 종속접속사는 whether, if, that 세 개뿐입니다. 각 접속사의 앞 글자를 따서 WIT라고 하죠.

명사절 종속접속사는 부사절 종속접속사보다 숫자가 훨씬 적지만 사실 명사절이 부사절보다 훨씬 복잡합니다. 명사절은 종속접속사 외에 관계사 what, where, when, why, how 등으로 시작할 수도 있기 때문이죠. ✎〈Lesson 19: Grammar Upgrade〉, 「Grammar 절대 매뉴얼-실전편」의 〈Lesson 22: 명사절과 부사절〉 참고

명사절 종속접속사 whether와 if는 뜻이 같다

명사절을 이끄는 whether와 if는 모두 '~인지 (아닌지)'의 뜻을 가지고 있고, ①-1처럼 타동사의 목적어로 사용되었을 때는 서로 바꿔 쓸 수 있습니다.

①-1 I don't know whether/if this is correct.
타동사의 목적어
난 이게 정확한지 (아닌지) 모르겠어.

if 명사절은 전치사의 목적어 또는 주어로는 사용되지 않는다

하지만 whether 명사절이 항상 if 명사절로 대체될 수 있는 것은 아닙니다. whether 명사절은 ①-2처럼 전치사의 목적어로도 사용될 수 있고 ①-3처럼 주어로도 사용될 수 있습니다. 이런 whether 명사절은 if 명사절로 대체될 수 없죠.

①-2 Let's not talk about whether/*if I can do it.
전치사의 목적어
내가 이것을 할 수 있는지에 대해서는 이야기하지 말자.

①-3 Whether/*If I can do it is not the issue.
주어
내가 이것을 할 수 있는지가 문제가 아니다.

whether 명사절과 if 명사절 모두 보어로 사용될 수 있다

그런데 ①-3에서 주어로 사용된 whether 명사절을 ①-4에서처럼 보어로 사용하면 if 명사절로 대체될 수 있습니다. if 명사절을 보어로 사용하는 것은 가능하기 때문이죠.

①-4 The issue is not whether/if I can do it.
보어
문제는 내가 이것을 할 수 있는지가 아니다.

if 명사절과 달리 whether 명사절은 명사가 사용될 수 있는 모든 곳에 사용될 수 있으므로 whether와 if의 차이점이 헷갈리면 그냥 항상 whether를 사용하면 됩니다.

that 명사절은 주어, 타동사의 목적어, 보어로 사용될 수 있다

that 명사절도 whether 명사절처럼 주어, 타동사의 목적어, 보어 역할을 할 수 있습니다.

②-1 That this book is interesting is obvious to everyone.
주어
이 책이 흥미롭다는 것은 모든 사람들에게 명백하다.

②-2 I know that you find this book interesting.
타동사의 목적어
나는 네가 이 책을 흥미롭게 여기는 것을 알아.

②-3 The truth is that this book is not interesting.
보어
진실은 이 책이 흥미롭지 않다는 것이지.

that 명사절은 전치사의 목적어로는 사용될 수 없다

그런데 that 명사절은 전치사의 목적어로는 사용되지 못합니다. 이 점은 if 명사절과 같죠. ②-4처럼 전치사의 목적어로 사용될 때에는 꼭 the fact와 함께 사용되어야 합니다.

②-4 He talked about the fact that this book is not interesting.
→ *He talked about that this book is not interesting.
전치사의 목적어
그는 이 책이 흥미롭지 않다는 사실에 관해 이야기했다.

1 부사절은 문장 전체를 꾸며 주는 부사와 같은 역할을 하며, 원인 · 이유, 시간, 대조, 조건, 방법 등을 나타낸다.

2 because는 직접적인 원인, since와 as는 간접적인 원인을 나타낸다.

e.g. I couldn't lift the box because it was too heavy.
Since you seem pretty busy, I'm just going to go home.
As it was getting dark, we stopped playing soccer.

3 시간과 조건을 나타내는 부사절에서는 현재시제가 미래시제를 대신한다.

e.g. After I finish my homework, I'll clean my room.
Unless you leave right now, you'll be late for school.

4 방법을 나타내는 as는 '~대로', '~처럼'의 뜻으로 사용되는데, 회화에서는 as 대신 like가 자주 쓰인다.

e.g. Like I said, you can always stay with us.
= As

5 명사절을 이끄는 종속접속사는 whether, if, that(WIT) 세 개뿐이다. 명사절은 명사처럼 문장(복문)에서 주어, 목적어, 보어의 역할을 한다.

e.g. Whether I can do it is not the issue.
주어
I don't know if this is correct.
목적어
The truth is that this book is not interesting.
보어

Grammar Upgrade

다음 문장의 부사절은 좀 특이합니다. 다른 부사절처럼 종속접속사로 시작하지 않고 형용사로 시작하기 때문이죠. ⓐ의 부사절을 종속접속사로 시작하려면 어떻게 바꿔야 할까요?

ⓐ Sometimes I wish I could turn back time, impossible as it may seem.
가끔 나는 시간을 되돌릴 수 있기를 바라, 비록 불가능하게 보이겠지만. 부사절

as가 ⓐ처럼 형용사 뒤에 사용되면 대조 · 양보를 나타내는 although, though의 뜻이 됩니다. 대조를 나타내는 부사절 앞에는 문미에 사용되었을 때도 쉼표를 사용하죠. ✎「Writing 절대 매뉴얼-입문편」의 〈Lesson 4: 쉼표〉 참고

ⓐ의 부사절을 종속접속사로 시작하도록 바꾸면 ⓑ와 같이 됩니다.

ⓑ impossible as it may seem
= although it may seem impossible
(또는 though)

문법적으로는 ⓒ도 가능하지만 뜻이 완전 달라집니다. ⓒ처럼 바꾸면 as가 원인 · 이유를 나타내기 때문입니다.

ⓒ impossible as it may seem
= as it may seem impossible
불가능하게 보이기 때문에

이런 혼란을 막기 위해 ⓓ처럼 as 대신 though를 사용하기도 하는데, 이건 주로 영국 영어에서 사용되는 용법입니다. 미국 영어에서는 잘 사용되지 않죠.

ⓓ impossible though it may seem
(*impossible although it may seem)

although는 보통 though와 바꿔 쓸 수 있지만 ⓓ처럼 형용사 뒤에서는 쓸 수 없습니다. 미국 영어에서는 ⓔ처럼 as ~ as의 형태를 사용하기도 하는데, 사실 첫 번째 as는 불필요한 것이죠.

ⓔ as impossible as it may seem
= although it may seem impossible

형용사(또는 부사)로 시작하는 부사절은 보통 ⓐ처럼 부사절의 끝에 있는 형용사(또는 부사)를 부사절 첫 부분으로 옮긴 것입니다. 하지만 ⓕ처럼 부사절 중간에 있는 형용사가 부사절 첫 부분으로 옮겨질 수도 있죠.

ⓕ Hard as it is to believe, I finished my Ph.D. in three years.
= Although it is hard to believe,
믿기 어렵겠지만, 나는 박사학위를 3년에 마쳤다.

Lesson 13

전치사
Prepositions

ⓐ 그녀는 학교에 다녀.
ⓑ 그는 머지않아 돌아올 거야.
ⓒ 나는 최근까지 내 혈액형을 몰랐어.
ⓓ 나는 정오 전까지는 과일만 먹는다.
ⓔ 너 때문에 나는 내 인생이 부끄럽다.

정답 ⓐ는 A의 ①번, ⓑ는 A의 ②–1번, ⓒ는 A의 ③–1번, ⓓ는 A의 ④–1번, ⓔ는 A는 ⑤–1번 문장을 보세요.

A 전치사의 정의와 종류

한국어에는 후치사, 영어에는 전치사가 있다

SOV 언어와 SVO 언어의 차이점 중 하나는 SOV 언어에는 '후치사(postposition)'가 있고 SVO 언어에는 '전치사(preposition)'가 있다는 것입니다. 후치사와 전치사의 차이는 SOV 언어인 한국어와 SVO 언어인 영어를 비교해 보면 알 수 있죠.

① 그녀는 **학교에** 다녀. (후치사(=조사)) = She goes **to school**. (전치사+명사)

한국어에서는 '~에'가 '학교' 뒤에 붙으므로 '~에'는 후치사입니다. 반면에 영어에서는 to가 school 앞에 사용되므로 to는 전치사가 되는 것이죠.

전치사는 형용사와 부사 앞에 사용되기도 한다

전치사는 보통 ①처럼 명사(또는 대명사) 앞에 사용되지만, 가끔 ②처럼 형용사 앞에 사용되기도 합니다.

②–1 He'll be back before long. (전치사+형용사)
그는 머지않아 돌아올 거야.

②–2 It was anything but easy.
결코 쉽지 않았어.

그리고 ③처럼 부사 앞에 사용되기도 하죠.

③–1 I didn't know my blood type until recently. (전치사+부사)
나는 최근까지 내 혈액형을 몰랐어.

③–2 She has become a different person since then.
그때부터 그녀는 다른 사람이 되었어.

〈Lesson 11: A. 접속사의 종류〉에서 이미 공부한 것과 같이 before, but, until, since는 모두 접속사로 사용될 수도 있고 전치사로 사용될 수도 있습니다.

두 개의 전치사가 함께 사용되면 '이중 전치사'

until과 from은 ④에서처럼 다른 전치사와 함께 사용되기도 하는데, 이렇게 두 개의 전치사가 함께 사용되는 전치사를 '이중 전치사'라고 합니다.

④–1 I eat only fruit until before noon.
나는 정오 전까지는 과일만 먹는다.

④–2 My father pulled the rug from under my feet.
아버지가 나의 발아래부터 양탄자를 빼 버렸다.
(=아버지가 내게 주던 도움을 갑자기 끊어 버리셨다.)

to pull the rug (out) from under someone's feet은 '~에게 주던 도움을 갑자기 끊어 버리다'라는 뜻의 숙어입니다.

because of와 in spite of는 '구전치사'

두 개의 전치사가 함께 사용되는 이중 전치사와 달리 ⑤-1의 because of와 ⑤-2의 in spite of는 전치사가 아닌 단어와 전치사가 합쳐져 하나의 전치사로 사용되는 것입니다. 이런 전치사를 '구전치사'라고 합니다.

⑤-1 Because of you, I'm ashamed of my life.
너 때문에 나는 내 인생이 부끄럽다.

because of는 전치사이므로 명사(또는 대명사)를 목적어로 취합니다. 반면에 종속접속사 because는 부사절을 이끌죠. due to, owing to, on account of는 모두 because of와 비슷한 뜻을 가진 구전치사들입니다.

despite은 전치사이므로 of가 필요 없다

in spite of는 despite으로 대체할 수 있습니다. in spite of와 despite을 합쳐서 despite of라고 하는 실수를 종종 범하곤 합니다. 하지만 명사인 spite과 달리 despite은 전치사이므로 of가 필요 없다는 것을 기억하세요.

⑤-2 In spite of his age, he still plays basketball with his students.
= Despite ~~of~~ his age
그의 나이에도 불구하고 그는 아직 학생들과 농구를 한다.

B 전치사의 용법

전치사는 앞, 뒤 어구의 시간과 공간의 관계를 주로 나타낸다

전치사의 가장 기본적인 역할은 전치사 앞, 뒤 어구의 시간과 공간의 관계를 나타내 주는 것입니다. 언어로 표현되는 가장 기본적인 개념이 시간time과 공간space이기 때문이죠.

전치사가 어려운 이유는 한국어에서는 '~에' 하나로 세 개의 시간 전치사 at, in, on이 하는 것을 모두 해결하기 때문입니다. 마찬가지로 '~에서' 하나로 at, in, on이 나타내는 공간 · 위치도 모두 해결하죠. 따라서 at, in, on이 각각 어떤 시간과 어떤 공간을 나타내는지를 구분하는 것이 아주 중요합니다.

뜻은 같지만 용법이 다른 시간 전치사들은 예문을 기억해야 한다

아래 표에 정리한 것과 같이 시간 전치사는 at, in, on 외에 for, during, since, from, until, by, within 등이 있습니다. '~에'로 해석되는 at, in, on을 비롯해 for/during(~ 동안), since/from(~부터), until/by(~까지)처럼 뜻은 같지만 용법이 다른 전치사들이 많으니 각각의 예문을 기억해 두는 것이 좋습니다.

〈시간 전치사〉

	의미	예
at	(정확한 시각, 정오, 자정, 밤, 새벽, 황혼)	**at** 3 o'clock, **at** noon, **at** midnight, **at** night, **at** dawn, **at** dusk
in	(오전, 오후)	**in** the morning, **in** the afternoon
	(월, 계절, 연도, 세기)	**in** June, **in** spring, **in** 2015, **in** the 20th century
on	(특정한 날, 요일)	**on** Valentine's Day, **on** Saturday
	(특정한 날 오전, 오후, 밤)	**on** Monday morning, **on** Sunday afternoon, **on** Friday night
for	~ 동안	I was in Europe **for** two weeks. 나는 유럽에 2주 동안 있었어.
during	~ 동안 내내, ~ 중에 (특정한 기간)	Nothing happened **during** those two weeks. 그 2주 동안 아무 일도 없었어.

since	~부터 (과거부터 계속)	I've been here **since** 2:30. 나는 2시 반부터 여기에 있었어.
from	~부터	I'll study hard **from** next year. 나는 내년부터 열심히 공부할 거야.
until = til	~까지 (계속)	I was in my office **until** 6:30. 나는 내 사무실에 6시 반까지 있었어.
by	~까지 (완료)	I'll be home **by** 7 o'clock. 7시까지 집에 갈게.
within	~ 이내에	I'll finish it **within** a week. 일주일 이내에 끝낼게.
in	~ 지나서, ~ 후에	I'll finish it **in** a week. 일주일 후에 끝낼게.

공간 전치사의 용법은 장소 · 공간을 보는 관점에 따라 결정된다

공간 전치사 at, in, on의 용법을 장소의 넓이로만 구분할 수는 없습니다. 아주 좁거나 아주 넓은 장소에는 in이 사용되고, 애매한 넓이의 장소에는 at과 in 둘 다 가능하기 때문이죠. at, in, on 중 어떤 전치사가 사용될지는 다음 페이지의 표에 정리한 것처럼 장소 · 공간을 보는 관점에 따라 결정됩니다(at=하나의 지점, in=에워싸인 공간, on=장소의 표면).

시간 전치사와 마찬가지로 공간 전치사 중에도 above/over(~의 위에), below/under(~의 아래에), by/beside(~의 옆에), between/among(~의 사이에)처럼 우리말 뜻은 같지만 상황에 따라 다르게 사용되는 전치사가 있습니다. 이 전치사들의 미묘한 차이도 여러 예문을 통해 자연스럽게 터득하는 것이 좋죠.

〈공간 전치사〉

	의미	예
at	~에서 (하나의 지점)	ⓐ We were graduate students **at** UCLA. 우리는 UCLA에서 대학원생이었다. ⓑ There's a party **at** my place. 우리 집에서 파티가 있어.
in	~ 안에서 (에워싸인 공간)	ⓐ We're living **in** Seoul. 우리는 서울에 살고 있어. ⓑ Just get **in** the car. 차에 타기나 해.
on	~위에 닿아 있는 (장소의 표면)	ⓐ My children are playing **on** the playground. 내 아이들이 놀이터에서 놀고 있다. ⓑ I got **on** the bus. 나는 버스에 탔다.
above	~의 위에	You scored **above** average. 너는 평균보다 높은 점수를 받았다.
over		I don't like the lamp **over** the table. 나는 탁자 위에 있는 등이 맘에 안 든다.
below	~의 아래에	Don't write **below** this line. 이 선 아래로는 쓰지 마세요.
under		Children **under** age 5 are not allowed in the theater. 5살 미만의 아이는 극장에 들어올 수 없습니다.
by	~의 옆에	There is a desk **by** the window. 창문 옆에 책상이 하나 있다.
beside		Could you walk **beside** me? 제 옆에서 걸어 주시겠어요?
between	~의 사이에	I sat **between** Athena and Jaden. 나는 Athena와 Jaden 사이에 앉았다.
among		I was walking **among** the fires of Hell. 나는 지옥의 불 사이를 걷고 있었다.

전치사는
시간 · 공간 외에도
다양한 관계를
나타낼 수 있다

시간과 공간 외에도 전치사는 재료, 원인, 주제, 수단, 소유 등 전치사 앞뒤 어구의 여러 가지 관계를 나타낼 수 있습니다. 다음 〈기타 전치사〉는 전치사의 사전적인 정의만으로는 구별하기 어려운 것들을 표로 정리한 것입니다. ✎소유를 나타내는 전치사 of의 용법: 「Grammar 절대 매뉴얼-실전편」의 〈Lesson 23: D. Of와 소유〉 참고

〈기타 전치사〉

		의미	예문
재료	of	~으로 (형태만 변화)	Our dining table is made **of** wood. 우리 식탁은 나무로 만들어졌다.
	from	~으로 (형태 · 성질 모두 변화)	Wine is made **from** grapes. 포도주는 포도로 만들어진다.
원인	of	~으로 인하여 (직접적인 원인)	He died **of** a heart attack. 그는 심장마비로 죽었다.
	from	~으로 인하여 (간접적인 원인)	We'll die **from** shame. 우린 수치심으로 죽을 거야.
주제	about	~에 관한 (일반적인 내용)	There is a rumor **about** a new superhero movie. 새로운 슈퍼히어로 영화에 관한 소문이 있던데.
	on	~에 관한 (전문적인 내용)	This is a lecture **on** American culture. 이것은 미국 문화에 관한 강의입니다.

1 한국어에는 후치사, 영어에는 전치사가 있다.

e.g. 그녀는 **학교에** 다녀. = She goes **to school**.
후치사(=조사) 전치사+명사

2 전치사는 주로 명사 앞에 쓰이지만 형용사와 부사 앞에 사용되기도 한다.

e.g. He'll be back **before** long.
형용사

I didn't know my blood type **until** recently.
부사

3 두 개의 전치사가 함께 사용되면 '이중 전치사', 전치사가 아닌 단어와 전치사가 합쳐져 하나의 전치사로 사용되면 '구전치사'라고 한다.

e.g. I only eat fruit until before noon.
이중 전치사

Because of you, I'm ashamed of my life.
전치사구

4 뜻은 같지만 용법이 다른 시간 전치사들은 예문을 기억해야 한다.

e.g. I was in my office **until** 6:30.
6시 반까지(계속)

I'll be home **by** 7 o'clock.
7시까지(완료)

5 공간 전치사의 용법은 장소 · 공간을 보는 관점에 따라 결정된다.

e.g. There's a party **at** my place. (at = 하나의 지점)
Just get **in** the car. (in = 에워싸인 공간)
I got **on** the bus. (on = 장소의 표면)

Grammar Upgrade

다음 세 개의 명령문에서 up은 부사 또는 전치사로 사용되었습니다.
이 중 전치사로 사용된 up은 무엇일까요?

ⓐ Pick it up. 주워.

ⓑ Go up the stairs. 계단을 올라가.

ⓒ Make up your mind. 결정해.

전치사는 명사 또는 대명사 앞에 사용되어야 하죠. 그런데 ⓐ의 up은 대명사 it 뒤에 사용되었으므로 부사입니다. ⓐ의 pick up처럼 '동사+부사'로 구성된 동사를 구동사phrasal verb라고 합니다.

구동사에 사용되는 부사는 원래 전치사인데 목적어 없이 사용되면서 부사로 바뀐 것입니다. 따라서 다른 부사들과 구분하기 위해 구동사의 부사는 '소사(小詞)' 또는 '불변화사'라고도 부르죠. 영어로는 particle이라고 합니다.

구동사의 특징은 부사를 ⓓ처럼 명사구 앞에 사용할 수도 있고 명사구 뒤에 사용할 수도 있다는 것입니다.

ⓓ Pick up the trash. = Pick the trash up. 쓰레기 주워
(the trash: 명사구)

하지만 명사(구) 대신 대명사가 사용되면 *Pick up it.처럼 부사를 대명사 앞에 사용하는 것은 불가능하죠.

ⓐ와 달리 ⓑ와 ⓒ에는 모두 up 뒤에 명사구가 있습니다. 차이점은 up을 ⓑ에서는 명사구 뒤로 옮길 수 없지만 ⓒ에서는 명사구 뒤로 옮길 수 있다는 것이죠.

ⓔ *Go the stairs up.

ⓕ Make your mind up.

up을 ⓕ처럼 명사구 뒤로 옮길 수 있다는 것은 make up도 '동사+부사'로 구성된 구동사라는 뜻입니다. 따라서 up이 전치사로 사용된 명령문은 ⓑ가 됩니다.

구동사 중에는 break up with, look forward to처럼 '동사+부사+전치사'로 구성된 것들도 있습니다.

ⓖ She broke up with her boyfriend.
그녀는 남자 친구와 헤어졌어.

ⓗ I look forward to hearing from you soon.
당신의 빠른 회신을 기대합니다.

구동사는 각 단어의 뜻만으로는 해석이 되지 않는 경우가 대부분이므로 숙어처럼 외워야 합니다.

Lesson

14 한정사

Determiners

ⓐ 이건 아주 좋은 책이야.
ⓑ 나는 어제 영화를 봤어.
ⓒ 창문 좀 열어 주실 수 있을까요?
ⓓ 내 방에 있는 의자는 아주 비싸.
ⓔ 파티에서 내가 유일한 남자였어.

정답 ⓐ는 A의 ②번, ⓑ는 B의 ②번, ⓒ는 C의 ③-1번, ⓓ는 C의 ④-1번, ⓔ는 C의 ⑤-2번 문장을 보세요.

A 한정사의 종류

문장이 한정사로 끝날 수는 없다

명사의 수량 또는 의미의 범위를 한정해 주는 단어를 한정사 determiners라고 합니다. 가장 대표적인 한정사는 관사(a(n), the)이죠. 형용사와 한정사의 가장 큰 차이점은 문장이 형용사로 끝날 수는 있지만 한정사로 끝날 수는 없다는 것입니다.

①-1 It is good. (good: 형용사)

①-2 *It is a. (a: 한정사)

한정사 뒤에는 항상 명사가 와야 한다

그리고 ②처럼 한정사 뒤에 어떤 단어가 오든 마지막은 항상 명사여야 합니다.

② It is a very good book. 이건 아주 좋은 책이야.
(a: **한정사** / very: 부사 / good: 형용사 / book: **명사**)

한정사에는 여러 종류가 있는데 그중 가장 중요한 한정사는 'ⓐ관사, ⓑ지시한정사, ⓒ소유한정사'입니다.

✎한정사: 「Grammar 절대 매뉴얼-실전편」의 〈Lesson 18: 한정사와 수량사〉 참고

〈중요한 한정사〉

ⓐ 관사	ⓑ 지시한정사	ⓒ 소유한정사
a(n) the	this / these that / those	my, our, your, his, her, its, their

이 세 가지의 한정사는 모두 위에서 설명한 두 가지의 공통점을 가지고 있습니다. 첫째는 문장 끝에 올 수 없다는 것이고, 둘째는 뒤에 오는 가장 마지막 단어는 항상 명사여야 한다는 것이죠.

③-1 He doesn't like this chocolate. 걔는 이 초콜릿 싫어해.
지시한정사

③-2 I love my car. 나는 내 차가 너무 좋아.
소유한정사

지시한정사는 지시대명사로 사용될 수도 있다

그런데 왜 ④-1에서는 this가 단독으로 사용되었을까요?

④-1 He doesn't like this. 걔는 이거 싫어해.
지시대명사

this/these, that/those는 지시한정사로 사용될 수도 있고 지시대명사로 사용될 수도 있기 때문입니다. ③-1처럼 명사 앞에 사용되었을 때는 지시한정사가 되고, ④-1처럼 단독으로 사용되었을 때는 지시대명사가 됩니다.

소유한정사와 소유대명사는 형태가 다르다

반면에 소유한정사는 〈Lesson 6: B. 인칭대명사〉에서 이미 배운 것과 같이 명사와 함께 사용되지 않으면 ④-2에서처럼 형태가 다른 소유대명사로 대체됩니다.

④-2 I love mine. 나는 내 것이 너무 좋아.
소유대명사

B 부정관사

an는 '불특정한 단수형 가산명사' 앞에 사용된다

관사는 부정관사indefinite article와 정관사definite article로 나뉩니다. 아래 도표에 정리한 것처럼 부정관사 a(n)는 '불특정한 단수형 가산명사' 앞에 사용됩니다. 그래서 부정관사를 사용하려면 먼저 명사가 가산명사인지 불가산명사인지를 알아야 하죠. (고유명사는 고유한 이름이기 때문에 모두 특정한 명사입니다.)

〈명사의 종류에 따른 관사의 쓰임〉

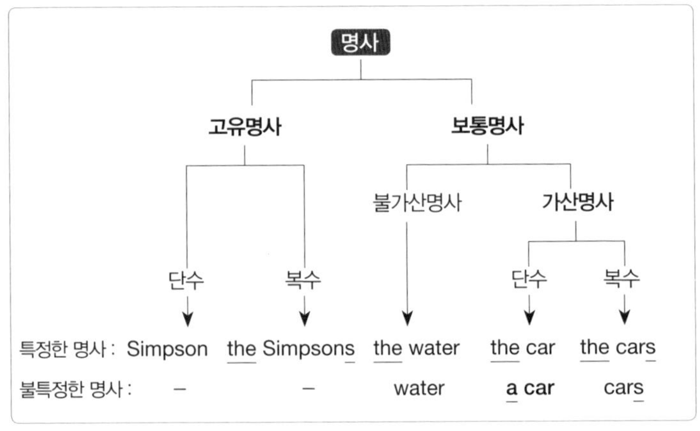

단수형 가산명사는 관사와 함께 사용되어야 한다

단수형 가산명사는 특별한 경우를 제외하고는 ①처럼 관사 없이 사용할 수는 없습니다. ✎관사 없이 사용되는 단수형 가산명사:「Grammar 절대 매뉴얼-실전편」의 〈Lesson 20: C. 관사의 생략〉 참고

① *I saw movie yesterday. 나는 어제 영화를 봤어.

단수형 가산명사가 관사와 사용된다는 것은 어렵지 않은 규칙임에도 불구하고 ①과 같은 오류를 자주 범하는 이유는 한국어에는 관사가 없기 때문입니다.

명사가 특정한지 불특정한지는 청자의 입장에서 결정된다

①을 문법에 맞게 수정하려면 ②-1처럼 movie를 복수형인 movies로 고치거나 ②-2처럼 movie 앞에 부정관사 a를 사용해야 합니다.

②-1 I saw movies yesterday.

②-2 I saw a movie yesterday.

②-2에서 부정관사를 사용해야 하는 이유는 명사가 특정한지 불특정한지는 청자의 입장에서 결정되기 때문입니다. 화자는 movie가 어떤 영화를 지칭하는지 알고 있습니다. 하지만 청자는 movie가 어떤 영화인지 모르므로 청자에게는 불특정한 명사가 되는 것이죠. 청자에게 불특정한 명사는 주로 대화에 처음 언급되는 것들입니다.

모음 소리 앞에서는 a가 an으로 바뀐다

부정관사 a는 ③처럼 모음 소리로 시작하는 단어 앞에서 an으로 바뀝니다.

③-1 an umbrella 우산 (u: 모음 소리)

③-2 an orange 오렌지 (o: 모음 소리)

따라서 모음자(a, e, i, o, u)로 시작하더라도 ④처럼 모음 소리가 아닌 y 또는 w 소리로 시작하는 단어 앞에서는 a가 사용됩니다.

④–1 a university 대학교 (y 소리)　　④–2 a one-armed man 외팔의 남자 (w 소리)

자음자로 시작하는 단어도 ⑤처럼 자음이 묵음(발음이 되지 않는 소리)이 되어 '모음 소리'로 시작하면 an을 사용해야 하죠.

⑤–1 an hour 한 시간 (묵음)　　⑤–2 an honest man 정직한 남자 (묵음)

C 정관사

'특정한 명사'란 청자가 알고 있는 명사를 뜻한다

정관사는 122쪽 도표에 정리한 것과 같이 단수형 고유명사를 제외한 모든 특정한 명사 앞에 사용됩니다. '특정한 명사'란, 청자가 알고 있는(또는 알 수 있는) 명사를 뜻하며 특정한 명사의 종류는 크게 다섯 가지로 나뉩니다.

〈특정한 명사의 종류〉

① 반복된 명사
② 언급된 명사와 관계있는 명사
③ 상황으로 알 수 있는 명사
④ 뒤에서 꾸밈을 받은 명사
⑤ 최상급 등으로 인한 유일한 명사

'반복된 명사 앞'에 the를 사용한다

명사가 처음 언급될 때는 대체적으로 청자에게는 불특정한 명사이므로 부정관사와 함께 사용됩니다. 하지만 ①에서처럼 똑같은 명사가 반복될 때는 청자도 알고 있는 특정한 명사가 되므로 정관사와 함께 쓰이죠.

① We found a guitar and a violin in the attic. I took the guitar, and my brother took the violin.
우리는 다락방에서 기타와 바이올린을 발견했다. 나는 기타를 가져갔고, 내 동생은 바이올린을 가져갔다.

이미 '언급된 명사와 관계있는 명사' 앞에 the를 사용한다

명사가 처음으로 언급되더라도 ②-1의 the driver와 ②-2의 the tires처럼 각각 이미 언급된 명사 a taxi, a used car와 관계가 있을 때는 특정한 명사가 됩니다.

②-1 I was hit by a taxi, but the driver didn't even apologize.
나는 택시에 치였는데 그 택시 운전사는 사과도 하지 않았다.

②-2 I bought a used car, so I had to replace the tires right away. 중고차를 구입해서 타이어를 곧 교체해야 했다.

한 대의 택시에는 한 명의 운전사만 있기 때문에 ②-1에서 처음 언급되는 driver가 정관사와 함께 사용된 것이고, 자동차에는 4개의 타이어가 있기 때문에 ②-2에서 처음 언급되는 tires가 정관사와 함께 사용된 것이죠.

'상황으로 알 수 있는 명사' 앞에 the를 사용한다

③처럼 상황에 의해서 명사가 특정해진 경우에도 처음 언급된 명사가 정관사와 사용될 수 있습니다.

③-1 Can you open the window, please?
창문 좀 열어 주실 수 있을까요?

③-2 The moon is really bright tonight.
오늘 밤에는 달이 아주 밝네.

③-1에서 the window는 청자와 화자가 함께 있는 방의 창문을 가리키며, ③-2에서 the moon은 우리가 살고 있는 이 지구의 달을 가리킵니다.

'뒤에서 꾸밈을 받은 명사' 앞에도 the가 사용될 수 있다

명사가 뒤에서 꾸밈을 받는 경우에도 ④처럼 처음 언급된 명사가 정관사와 함께 사용될 수 있습니다. ✎뒤에서 꾸밈을 받은 명사가 부정관사와 함께 사용되는 예: 「Grammar 절대 매뉴얼-실전편」의 〈Lesson 19: B. 정관사〉 참고

④-1 The chair in my room is very expensive.
내 방에 있는 의자는 아주 비싸.

④-2 I didn't like the movie that I saw yesterday.
내가 어제 본 영화는 별로였어.

④-1의 chair는 불특정한 의자가 아닌 '내 방에 있는(in my room)' 의자를 가리키므로 the와 함께 사용되었고, ④-2의 movie는 불특정한 영화가 아닌 '내가 어제 본(that I saw yesterday)' 영화를 가리키므로 the와 함께 사용되었습니다.

'최상급 등으로 인한 유일한 명사' 앞에 the를 사용한다

세상에서 유일한 것을 지칭하는 명사는 당연히 특정한 명사가 되겠죠. 따라서 형용사의 최상급, only, last와 같이 유일함을 나타내는 단어의 꾸밈을 받는 명사는 ⑤처럼 정관사와 함께 사용됩니다.

⑤-1 He is the smartest person in the whole world.
그가 전 세계에서 가장 똑똑한 사람이야.

⑤-2 I was the only man at the party.
파티에서 내가 유일한 남자였어.

⑤–3 The last train will leave in about five minutes.
마지막 기차는 약 5분 후에 떠납니다.

복수형 고유명사 앞에 the를 사용한다

고유명사는 그 자체로서 특정한 명사이므로 불특정한 명사를 특정한 명사로 바꿔 주는 역할을 하는 정관사 the가 필요 없습니다.

⑥–1 His last name is Simpson.
단수형 고유명사
그의 성은 Simpson이다.

하지만 고유명사도 ⑥–2처럼 복수로 사용되었을 경우에는 정관사와 함께 사용되죠.

⑥–2 We had dinner with the Simpsons.
복수형 고유명사
우리는 Simpson 씨네 가족과 저녁을 먹었다.

1 형용사와 달리 한정사는 문장 끝에 올 수 없고, 한정사 뒤에는 항상 명사가 와야 한다.
e.g. It is a very good book.
한정사 부사 형용사 명사

2 가장 중요한 한정사는 관사, 지시한정사, 소유한정사이다.
e.g. He doesn't like this chocolate. (지시한정사) I love my car. (소유한정사)

3 a(n)는 '불특정한 단수형 가산명사' 앞에 사용된다.
e.g. I saw a movie yesterday.

4 the는 청자가 알고 있는(또는 알 수 있는) '특정한 명사' 앞에 사용된다.
e.g. Can you open the window, please?

Grammar Upgrade

다음 두 문장에 공통적으로 들어갈 관사는 무엇일까요?

ⓐ I take ____ bus every day.
나는 매일 버스를 타.

ⓑ I take ____ subway to work every day.
나는 매일 지하철을 타고 출근해.

bus와 subway가 유일하지도 않고 처음으로 언급되었으므로 ⓐ와 ⓑ에 모두 부정관사 a가 적절하다고 생각할 수 있습니다. 하지만 버스나 전철을 매일(또는 자주) 타는 사람의 입장에서는 a보다 the가 더 적절하죠. ⓐ의 the bus와 ⓑ의 the subway처럼 자주 반복되는 것을 지칭할 때 사용하는 정관사의 용법을 산발적 지시sporadic reference라고 합니다.

반면에 ⓒ처럼 자주 반복되는 일이 아닐 때는 a 또는 the를 모두 사용할 수 있습니다.

ⓒ I took a/the train to Busan last week.
나는 지난주에 기차를 타고 부산에 갔다.

a train과 마찬가지로 a bus도 가능한데 subway는 각각의 열차가 아닌 '지하철' 전체를 지칭하므로 a subway라고는 잘 하지 않습니다.

산발적 지시는 the bank, the post office와 같은 공공기관, the news, the radio와 같은 대중매체, 그리고 the bus, the subway, the mail, the phone과 같은 교통 · 통신 수단 등에 주로 사용됩니다.

ⓓ I'm going to the bank.
나는 은행에 가는 중이야.

ⓔ I heard that song on the radio.
나는 그 노래를 라디오에서 들었어.

ⓕ I just got off the phone with him.
나 지금 막 그와 통화를 끝냈어.

GRAMMAR
MANUAL

PART 3

품사 외 모든 것
Everything Else

Lesson 15 접두사와 접미사 Prefixes & Suffixes

Lesson 16 부정사, 동명사, 분사 Infinitives, Gerunds, & Participles

Lesson 17 태의 종류와 수동태 Types of Voice & Passive Voice

Lesson 18 동사의 활용과 시제 Conjugation & Tense

Lesson 19 형용사절과 관계대명사 Adjective Clauses & Relative Pronouns

Lesson 20 조건문과 가정법 Conditional Sentences & Subjunctive Mood

Lesson

15 접두사와 접미사

Prefixes & Suffixes

ⓐ 제정신이 아닌
ⓑ 비도덕적인
ⓒ 종업원
ⓓ 믿기지 않는
ⓔ 무신론자

정답 ⓐ는 A의 ②번, ⓑ는 A의 ③-1번, ⓒ는 B의 ②-2번, ⓓ는 B의 ④-1번, ⓔ는 B의 ⑦번 문장을 보세요.

A 접두사

단어 앞에 붙어 새로운 단어를 만드는 것을 '접두사'라고 한다

car, book과 같은 단어는 더 이상 나뉠 수가 없는 가장 작은 문법적인 요소입니다. 하지만 단어 중에는 dislike, insane처럼 두 개의 요소로 나뉠 수 있는 것들도 있죠.

① dis- + like = dislike 좋아하지 않다, 싫어하다
~않은 좋아하다

② in- + sane = insane 제정신이 아닌, 미친
~않은 제정신인

dis-, in-처럼 단어 앞에 붙어 새로운 단어를 만드는 것을 접두사 prefix라고 합니다. 접두사는 주로 단어의 품사는 바꾸지 않고 새로운 뜻만 더해 주죠.

in-, un-, dis-, non-, a-는 반대(부정)의 의미를 더해 준다

가장 많이 사용되는 접두사는 in-, un-, dis-, non-, a-와 같이 반대의 의미를 더해 주는 부정접두사입니다. in-은 발음을 쉽게 하기 위해 moral, possible처럼 m 또는 p로 시작되는 단어 앞에서는 im-으로 바뀝니다.

③-1 in- + moral = immoral 비도덕적인
~않은 도덕적인

③-2 in- + possible = impossible 불가능한
~않은 가능한

a-는 주로 '~이 없는'이라는 뜻으로 쓰인다

in-, un-, dis-, non-과 달리 a-는 주로 '~이 없는'이라는 뜻으로 쓰입니다. 따라서 '비도덕적인'이라는 뜻을 가진 immoral과 달리 amoral은 '도덕관념이 없는'이란 뜻이 됩니다.

④-1 Our baby is still amoral.
우리 아기는 아직 도덕관념이 없다.

그리고 asexual은 '성이 없는'이란 뜻이 되죠.

④-2 Bacteria are asexual organisms.
박테리아는 무성(=성이 없는)생물이다.

다음은 각 부정접두사의 예를 표로 정리한 것입니다.

〈부정접두사〉

	의미	예	
in- im-	~않은	immoral 비도덕적인 inexpensive 비싸지 않은 incredible 믿기지 않는	impossible 불가능한 incorrect 올바르지 않은

un-	~않은	unfair 불공평한 unrealistic 비현실적인 unbelievable 믿기지 않는	unexpected 뜻밖의 unforgettable 잊을 수 없는
dis-		dishonest 부정직한 disadvantage 불리 disagree 동의하지 않다	disrespect 무례 disobey 불복종하다
non-		nonsmoking 금연의 nonstop 멈추지 않는 nonviolence 비폭력	nonalcoholic 무알코올성의 nonstandard 비표준적인
a- *	~이 없는	amoral 도덕관념이 없는 asymmetric 균형이 없는 agnostic ** 불가지론자(不可知論者)	asexual 무성(無性)의 atheist 무신론자

* **a**typical(이례적인)에서는 '~않은'의 의미를 가짐.
** 신의 존재 여부를 알 수 없다고 믿는 사람

uni-, bi-, tri-는 숫자를 나타낸다

uni-(하나), bi-(둘), tri-(셋)와 같이 숫자를 나타내는 접두사를 수효접두사라고 합니다. dislike의 like와 insane의 sane처럼 더 이상 분해될 수 없는 형태를 '어근root'이라고 하는데, 수효접두사를 포함하고 있는 단어들은 ⑤triple처럼 어근(-ple)이 영어에서 사용되는 단어가 아닌 경우가 많습니다.

⑤ tri- (셋) + -ple (겹/배) = triple (= threefold) 세 배의, 3중의

-ple은 라틴 어 -plus(-fold : ~겹, ~배)에서 유래된 것입니다. double의 -ble도 -plus에서 유래된 것이죠.

4~10을 나타내는 수효접두사는 잘 사용되지 않는다

4부터 10까지도 각각의 수효접두사가 있지만 자주 사용되지는 않습니다. 예를 들어 8은 oct-인데 octopus(문어)는 '여덟 개의 발'이라는 뜻이고, octave(옥타브)는 '여덟 번째 (음)'이라는 뜻이죠. 다음 표는 자주 사용되는 수효접두사의 의미와 예를 정리한 것입니다.

〈수효접두사〉

	의미	예	
uni-*	하나	**uniform** 유니폼 **unicorn** 일각수(一角獸) **unify** 통일하다	**unicycle** 외발자전거 **universe** 우주
mono-**	하나	**monolingual** 단일 언어의 **monologue** 독백 **monopoly** 독점권	**monorail** 모노레일 **monogamy** 일부일처제
bi-*	둘	**bilingual** 이중 언어의 **biennial** 2년마다 **biceps** 이두근	**bicycle** 두발자전거 **bigamy** 중혼(죄)
di-**	둘	**dilemma** 진퇴양난 **diphthong** 이중 모음 **(carbon) dioxide** 이산화(탄소)=CO2	**ditransitive** 수여동사 **dizygotic (twins)** 이란성(쌍둥이)
tri-***	셋	**trilingual** 3개 국어의 **triple** 세 배의 **triceps** 삼두근	**tricycle** 세발자전거 **triangle** 삼각형
multi-*	많은	**multilingual** 다중 언어의 **multiple** 다수의 **multitask** 다중 작업을 하다	**multimillion** 수백만의 **multiplex** 복합 상영관
poly-**	많은	**polyglot** 다중 언어의 **polysemy** 다의성 **polyandry** 일처다부제	**polysyllabic** 다음절의 **polygamy** 일부다처제

* uni-, bi-, multi-는 라틴 어에서 유래

** mono-, di-, poly-는 그리스 어에서 유래

*** tri-는 라틴 어(tres)와 그리스 어(treis)에서 유래

부정접두사, 수효접두사 외에도 자주 사용되는 접두사들이 많이 있습니다. 대표적인 기타 접두사들의 의미와 예를 다음 표에 정리하였습니다.

〈기타 접두사〉

	의미	예
re-	다시	redo 다시 하다 / remake 다시 만들다 reapply 재신청하다 / remarry 재혼하다 receive 받다
co-	공동	coordinating 등위(접속사) / coworker 동료 coauthor 공저자 / cooperation 협동 coexist 공존하다
sub-	아래	subordinating 종속(접속사) / subscript 아래 첨자 subway 지하철 / submarine 잠수함 subconscious 잠재의식의
super-	위에, 극도로	superscript 위첨자 / superstar 슈퍼스타 superpower 막강한 힘 / superhuman 초인적인 supernatural 초자연적인
inter-	~ 사이의, ~ 상호간의	international 국제적인 / interpersonal 대인관계의 intersection 교차로 / interact 교류하다 intervene 개입하다
pre-	~ 이전의	preschool 유치원 / preview 예고편 preface 머리말 / prehistory 선사 시대 preheat 예열하다
post-	~ 후의	postscript 추신 / postmodern 후기 근대파의 postelection 선거 후의 / postwar 전후(戰後)의 postgame 경기 후의
pro-	찬성	proslavery 노예제도 지지 / procommunist 공산주의 옹호자 procapitalist 자본주의 옹호자 prochoice (prolife) 임신중절 찬성파(반대파)

ant(i)-	반대	antisocial 비사교적인 antarctic 남극의(arctic(북극의)의 반대) antiterrorism 테러 방지 antibiotics 항생제 antonym 반의어
ex-	전~	ex-girlfriend 전 여자친구 ex-wife 전처 ex-husband 전 남편 ex-president 전직 대통령 ex-convict 전과자

receive의 re-도 '다시'라는 뜻의 접두사이다

re-는 '다시'라는 뜻을 가지고 있는데 redo(다시 하다), remake(다시 만들다)와는 달리 ⑥receive에서는 re-의 뜻이 잘 드러나지 않습니다. triple의 어근인 -ple과 마찬가지로 receive의 어근인 -ceive가 영어에서 단어로 사용되지 않기 때문이죠.

⑥ re- + -ceive = receive 받다
다시 잡다

-ceive는 '잡다', '붙잡다'라는 뜻의 라틴 어에서 유래된 것입니다. 다른 접두사와도 결합하여 perceive(감지/인지하다), conceive(생각/상상하다), deceive(속이다)와 같은 단어를 만들죠.

B 접미사

영어에는 8개의 굴절접미사가 있다

어근의 앞에 붙는 접두사와 달리 어근의 뒤에 붙는 것은 접미사suffix라고 합니다. 접미사는 크게 새로운 뜻을 더해 주는 '파생접미사'와 문법적인 기능을 나타내는 '굴절접미사'로 나눌 수 있는데, 굴절접미사는 다음 페이지에 표로 정리한 것과 같이 동사와 관련된 것이 4개, 명사 · 형용사와 관련된 것이 각각 2개가 있습니다.

✎과거분사와 현재분사: 〈Lesson 16: C. 분사〉 참고

〈굴절접미사〉

		기능	예
동사	-ed	과거	I walked home last night. 난 어제 집에 걸어갔어.
	-en *	과거분사	I have never walked to school. 나는 한 번도 학교에 걸어간 적이 없어.
	-ing	현재분사	I am walking to the park. 나는 공원으로 걸어가고 있어.
	-s	3인칭 단수 현재	He walks to school every day. 그는 매일 학교에 걸어가.
명사	-s	복수	We have two cars. 우리는 차가 두 대 있어.
	-'s	소유격	My wife's car is black. 아내의 차는 검은색이야.
형용사	-er	비교급	I am taller than my brother. 나는 내 동생보다 키가 커.
	-est	최상급	I am the tallest person in my family. 내가 우리 가족 중에서 가장 키가 큰 사람이야.

* -en은 불규칙형 과거분사의 한 종류입니다. 규칙형 과거분사는 과거시제와 똑같은 -ed인데 단지 과거시제와 구분하기 위해 -en이라고 표기한 것입니다.

대부분의 파생접미사는 품사를 변화시킨다

굴절접미사는 품사를 절대 변화시키지 않은 데 반해 파생접미사는 대부분 품사가 변화됩니다. 예를 들어, ①과 같이 명사 beauty에 -ful, -fy, -ly 등의 파생접미사를 붙이면 모두 다른 품사가 되죠.

①–1 beauty + -ful = beauti<u>ful</u>
명사 → 형용사

①–2 beauty + -fy = beauti<u>fy</u>
명사 → 동사

①–3 beauty + -ful + -ly = beauti<u>fully</u>
명사 → 부사

파생접미사는 어근과 결합하여 단어족을 이룬다

beauty – beautiful – beautify – beautifully처럼 동일한 어근을 가진 '명사 – 형용사 – 동사 – 부사'를 단어족word family이라고 합니다. 새로운 단어를 배울 때는 이렇게 단어족을 모두 함께 외우는 것이 좋죠. 다음은 단어족에 자주 사용되는 파생접미사들의 예를 정리한 것입니다.

〈파생접미사〉

진하게 표시된 단어는 각 단어족의 어근입니다

명사 ⓐ 형용사+-ity ⓑ 동사+-ion	형용사 ⓐ 명사+-ful, -al ⓑ 동사+-ive	동사 ⓐ 명사+-fy ⓑ 형용사+-ize	부사 ▷ 형용사+-ly
beauty 아름다움	beautiful 아름다운	beautify 아름답게 하다	beautifully 아름답게
person 사람	personal 개인의	personalize 개인화하다	personally 개인적으로
nation 국가	national 국가의	nationalize 국영화하다	nationally 국가적으로
reality 현실	**real** 진짜의, 현실의	realize 실현하다, 깨닫다	really 정말로
finality 결말	**final** 마지막의	finalize 결말을 짓다	finally 마침내
equality 평등, 균등	**equal** 동등한	equalize 동등하게 하다	equally 동등하게
action 행동	active 활동적이	**act** 행동하다	actively 활발히, 적극적으로
creation 창조	creative 창조적인	**create** 창조하다	creatively 창조적으로
attraction 매력	attractive 매력적인	**attract** 마음을 끌다	attractively 매력적으로

단어족을 만들지 않는 파생접미사도 있다

모든 파생접미사가 단어족을 이루는 것은 아닙니다. 파생접미사 중에는 단어족을 만들지 않는 접미사들도 있는데, 그중 대표적인 것이 사람과 관계된 접미사들입니다. 예를 들어 -er(-or), -ee, -ant는 ②처럼 주로 동사에 붙습니다.

②-1 report + -er = reporter 기자 (전하는 사람)
report: 전하다
(다른 예: employer, teacher, actor, tutor)

②-2 employ + -ee = employee 종업원 (고용 당하는 사람)
employ: 고용하다
(다른 예: tutee, nominee, absentee, detainee)

②-3 attend + -ant = attendant 수행원 (돌보는 사람)
attend: 돌보다
(다른 예: applicant, defendant, inhabitant)

반면에 -ist, -eer는 ③처럼 주로 명사에 붙죠.

③-1 violin + -ist = violinist 바이올린 연주자
violin: 바이올린
(다른 예: novelist, guitarist, pianist, cellist)

③-2 engine + -eer = engineer 공학자
engine: 엔진
(다른 예: mountaineer, auctioneer, pioneer)

-able/-ible은 '~할 수 있는'이라는 뜻의 접미사

단어 중에는 unbelievable, nonalcoholic, atheist처럼 접두사와 접미사가 모두 들어 있는 것들도 많습니다. ④-1의 -able과 ④-2의 -ible은 모두 '~할 수 있는'이라는 뜻의 접미사입니다.

④-1 un- + believe + -able = unbelievable
믿을 수 없는, 믿기지 않는, 믿기 힘든

④-2 in- + cred + -ible = incredible
믿을 수 없는, 믿기지 않는, 믿기 힘든

incredible의 어근인 cred-는 '믿다(=believe)'란 뜻의 라틴 어 동사에서 온 것이고, credit(신용), credulous(잘 믿는, 잘 속는)과 같은 단어 등에도 나타나죠.

-ic은 명사를 형용사로 바꿔 주는 접미사

⑤nonalcoholic의 -ic은 명사를 형용사로 바꿔 주는 접미사입니다.

⑤ non- + alcohol + -ic = nonalcoholic
무알코올성의, 알코올 중독이 아닌 사람

그런데 -ic가 붙으면 형용사도 되지만 명사도 됩니다. 예를 들어 alcoholic은 '알코올(술)이 든'이라는 뜻의 형용사도 되고 '알코올(술) 중독자'라는 뜻의 명사도 됩니다. nonalcoholic과 agnostic도 마찬가지로 형용사와 명사 둘 다 되죠.

gnost-는 '알려진(=known)'이란 뜻의 어근

⑥agnostic의 어근인 gnost-는 '알려진(=known)'이란 뜻의 그리스 어입니다. recognize(알아보다), cognition(인식, 인지), prognosis(예후, 예상) 등도 gnost-와 관련된 어근을 가지고 있습니다.

⑥ a- + gnost- + -ic = agnostic
불가지론의, 불가지론자(=신의 존재는 알 수 없다고 믿는 사람)

agnostic에서 a-는 사실 atypical(전형적이지 않은, 이례적인)의 a-처럼 '~않은'의 뜻입니다. 따라서 agnostic은 '알려지지 않은', '알 수 없는(=not known)'이라는 뜻이 되는데, 주로 '신의 존재는 알 수 없다고 믿는 사람'을 뜻하는 명사로 사용됩니다.

the-(또는 theo-)는 '신(=god)'이란 뜻의 어근

⑦atheist의 어근인 the-(또는 theo-)는 '신(=god)'이란 뜻의 그리스 어입니다. theology(신학), monotheism(일신교), polytheism(다신교)도 같은 어근을 가지고 있습니다.

⑦ a- + the- + -ist = atheist
무신론자(=신이 없다고 믿는 사람)

a-는 '~이 없는'이므로 atheist는 신이 없다고 믿는 '무신론자'가 되는 것이죠. 따라서 agnostic과 atheist는 근본적으로 의미가 다른 단어들입니다.

1 어근 앞에 붙는 것을 접두사(prefix), 어근 뒤에 붙는 것을 접미사(suffix)라고 한다.

2 부정접두사 in-, un-, dis-, non-, a-는 반대의 의미를 더해 주는데, a-는 주로 '~이 없는'이라는 뜻으로 쓰인다.

e.g. immoral 비도덕적인　　amoral 도덕관념이 없는

3 접미사는 '파생접미사'와 '굴절접미사'로 나뉘고, 영어에는 총 8개의 굴절접미사가 있다.

4 대부분의 파생접미사는 어근과 결합하여 단어족을 이룬다.

e.g. beauty – beautiful – beautify – beautifully
명사　형용사　동사　부사

5 접두사와 접미사를 모두 포함하고 있는 단어도 많이 있다.

e.g. un- + believe + -able = unbelievable
non- + alcohol + -ic = nonalcoholic
a- + the- + -ist = atheist

"너 왜 나 디스해?"의 '디스'는 어디서 온 말일까요?

2014년 봄, TV에서 처음 '디스'라는 단어를 듣고 저는 깜짝 놀랐습니다. "저 '디스'가 혹시 내가 대학생 때 쓰던 'dis'?" 인터넷 검색을 해 보니 아니나 다를까 '디스(diss): disrespect(무례, 결례)의 줄임말'이라고 나오더군요.

그런데 사실 '디스'는 disrespect의 접두사 dis-를 가리키는 말이므로 diss가 아니고 dis가 더 정확한 철자입니다. 그런데 dis의 과거형과 현재분사에서는 s가 하나 더 붙어서 각각 ⓐ에서처럼 dissed와 ⓑ에서처럼 dissing이 되므로 아예 동사 자체를 diss로 쓰기도 하는 것이죠.

ⓐ **He dissed me.**
걔가 나를 무시했어.

ⓑ **Stop dissing me.**
그만 무례하게 굴어.

dis는 미국에서 1980년대에 생긴 속어slang이고 저도 대학생 때는 자주 사용하던 단어입니다. 친구들과 농구 하던 중 제게 공을 주지 않으면 어김없이 (물론 웃으면서) ⓒ와 같이 말했죠.

ⓒ **Why you gotta dis me like that, Bro?**
너 왜 나를 그렇게 디스해야만 해? (= 너 왜 나 디스해?)

> gotta는 got to(=have to)의 구어체이고 Bro(brother의 줄인 말)는 친구를 부를 때 사용하는 속어입니다.

dis는 속어이기 때문에 저도 대학 시절 이후에는 거의 사용한 적이 없습니다. 그런 속어가 한국어에서 자연스럽게 사용되는 것을 들었을 때 놀라지 않을 수 없었겠죠.

Lesson

16 부정사, 동명사, 분사

Infinitives, Gerunds, & Participles

ⓐ 그녀는 내가 집에 가길 원해.
ⓑ 나는 갈 때(언제 가야 할지)를 모르겠어.
ⓒ 너를 놀래 주려고 이 선물을 샀어.
ⓓ 책을 읽는 것은 눈에 좋지 않다.
ⓔ 숲 속에서 잠자고 있는 미녀

정답 ⓐ는 A의 ①-3번, ⓑ는 A의 ④-2번, ⓒ는 A의 ⑤-1번, ⓓ는 B의 ②-1번, ⓔ는 C의 ③-2번 문장을 보세요.

A 부정사

하나의 절에는 하나의 본동사만 사용될 수 있다

하나의 절(또는 단문)에는 하나의 본동사만 사용될 수 있습니다. ①-1이 비문인 이유도 하나의 단문에 두 개의 본동사가 사용되었기 때문이죠.

①-1 *She wants goes home. 그녀는 집에 가고 싶어 해.
(wants: 동사, goes: 동사)

①-1을 문법에 맞게 고치려면 wants와 goes 사이에 to를 사용해야 합니다. goes 앞에 to를 쓰면 ①-2처럼 goes가 동사원형인 go로 변하죠.

①-2 She wants to go home. 그녀는 집에 가는 것을 원해(=가고 싶어 해).
(go: 동·원)

'to+동사원형'을 'to부정사'라고 한다

to go와 같은 'to+동사원형' 형태를 to부정사*to*-infinitive라고 합니다. 동사의 형태는 원래 주어의 인칭과 단 · 복수 그리고 시제에 따라 정해지는데, 동사원형은 형태가 정해지지 않은 것이므로 '부정사不定詞' 라고 하는 것이죠. ①-2에서 to go는 명사('가는 것')처럼 사용되었으므로 부정사의 '명사적 용법'이라고 합니다.

to부정사의 의미상 주어는 to 앞에 온다

①-3처럼 to go 앞에 me를 쓰면 '그녀는 내가 집에 가길 원해.'라는 뜻이 됩니다. 여기서 me는 문법적으로는 wants의 목적어이지만 의미상으로는 to go의 주어가 되죠.

①-3 She wants me to go home. 그녀는 내가 집에 가길 원해.
to go의 의미상 주어

형용사는 전치사를 사용하여 의미상 주어를 취한다

그런데 왜 다음 두 문장에서는 to부정사의 의미상 주어인 me와 you 앞에 각각 전치사 for와 of를 썼을까요?

②-1 It is difficult for me to sing this song.
내가 이 노래를 부르는 것은 어려워.

②-2 It was very nice of you to come.
와 주시다니 당신은 매우 친절하셨습니다(=와 주셔서 매우 감사합니다).

②-1의 sing과 ②-2의 come 앞에 to가 사용된 것은 ①과 마찬가지로 하나의 단문에는 하나의 본동사만 사용될 수 있기 때문입니다. 하지만 타동사인 want와 달리 be동사는 목적어를 취할 수 없습니다. 물론 형용사인 difficult와 nice도 목적어를 취할 수 없죠. 그래서 목적어를 취할 수 있는 전치사를 to부정사의 의미상 주어 앞에 사용한 것입니다.

의미상 주어가 문장의 주어가 될 수 없으면 for, 될 수 있으면 of

for와 함께 사용된 to부정사의 의미상 주어는 ③-1처럼 문장의 주어로 사용될 수 없습니다.

③-1 It is difficult for me to sing this song.
≠ *I am difficult to sing this song.

반면에 of와 함께 사용된 to부정사의 의미상 주어는 ③-2처럼 문장의 주어로 사용될 수 있죠.

③-2 It was very nice of you to come.
= You were very nice to come.

따라서 어떤 전치사가 맞는지를 확인하려면 to부정사의 의미상 주어를 문장의 주어로 바꾼 뒤 문장이 성립되는지를 확인하면 됩니다.

to부정사는 형용사 역할을 하기도 한다

to부정사는 명사 뒤에서 그 명사를 꾸며 주는 형용사 역할을 하기도 합니다. ④-1에서 to go home은 명사 time을 꾸며 주는 형용사 역할을 하고 있죠.

④-1 It's time to go home. 집에 갈 시간이야.
형용사적 용법

그리고 to부정사는 ④-2처럼 의문사(when, where, what, how) 뒤에서 형용사 용법으로 사용될 수도 있습니다.

④-2 I don't know when to go. 나는 갈 때(언제 가야 할지)를 모르겠어.
where to go. 갈 곳(어디로 가야 할지)을
what to do. 할 것(무엇을 해야 할지)을
how to do it. 하는 방법(어떻게 할지)을

to부정사는 부사처럼 사용되기도 한다

마지막으로 to부정사는 ⑤에서처럼 부사 역할도 할 수 있습니다.

⑤-1 I bought this gift to surprise you. 내가 널 놀래 주려고 이 선물을 샀어.
부사적 용법

⑤-2 To surprise you, I bought this gift. 널 놀래 주려고 내가 이 선물을 샀어.
부사적 용법

여기서 to surprise you는 문장 전체를 꾸며 주는 부사처럼 사용되었으므로 ⑤-1처럼 문미에 올 수도 있고 ⑤-2처럼 문두에 올 수도 있습니다.

B 동명사

'동사원형+-ing'가 명사처럼 사용되면 '동명사'라고 한다

①의 Reading처럼 '동사원형+-ing'의 형태를 가지고 명사로 사용되는 것을 동명사gerund라고 합니다. to부정사는 명사, 형용사, 부사처럼 사용될 수 있지만 동명사는 명사의 역할만 하죠.

① Reading is bad for your eyes. 읽는 것은 눈에 좋지 않다.
동명사

동명사는 동명사구 안에서 동사의 성질을 유지한다

동명사는 명사처럼 사용되지만 동명사구 안에서는 동사의 성질을 유지합니다. ②-1처럼 목적어를 취할 수 있고, ②-2처럼 보어를 취하기도 하며, ②-3처럼 부사구의 꾸밈을 받을 수도 있습니다.

②-1 Reading books is bad for your eyes.
동명사 + 목적어 = 동명사구
책을 읽는 것은 눈에 좋지 않다.

②-2 Being a mother is a full-time job.
동명사 + 보어 = 동명사구
엄마가 되는 것은 상근직이다.

②-3 Reading a lot is really bad for your eyes.
동명사 + 부사구 = 동명사구
많이 읽는 것은 눈에 정말 좋지 않다.

②-1에서 복수명사 books가 사용되었음에도 불구하고 동사가 are가 아니고 is인 것은 동명사(구)가 주어로 사용될 때는 항상 단수 취급을 하기 때문입니다.

동명사는 타동사의 목적어로 사용될 수 있다

동명사(구)는 타동사의 목적어로 사용될 수도 있습니다.

③-1 I don't like telling my son what to do.
타동사 + 동명사구
나는 내 아들에게 무엇을 해야 할지를 말해 주는 것을 싫어한다.

③-1에서는 동명사구 telling my son what to do가 타동사 like의 목적어로 사용되었죠.

동명사의 의미상 주어로는 소유격을 사용한다

동명사의 의미상 주어를 문장의 주어와 달리하려면 동명사 앞에 소유격을 사용하면 됩니다. ③-1에서는 문장의 주어 I가 동명사 telling의 주어가 됩니다. 만약 telling에 다른 주어를 사용하여 '그가 내 아들에게 말해 주는 것'으로 하려면 ③-2처럼 telling 앞에 소유격 his를 사용해야 하죠.

③-2 I don't like his telling my son what to do.
telling의 의미상 주어
나는 그가 내 아들에게 무엇을 해야 할지를 말해 주는 것을 싫어한다.

원칙적으론 소유격 his를 사용해야 하지만 일상 대화에서는 ③-3처럼 목적격 him을 사용하기도 합니다.

③-3 I don't like him telling my son what to do.
telling의 의미상 주어

동명사는 전치사의 목적어로 사용될 수도 있다

동명사(구)는 전치사의 목적어 역할도 할 수 있습니다. 구동사인 look forward to의 to는 전치사이므로 ④-1처럼 to 다음에 동명사(구)를 사용해야 하죠.

④-1 I look forward to meeting you. 당신을 만나는 것을 고대합니다.
전치사 + 동명사구

④-2 *I look forward to meet you.

④-2와 같이 잘못 쓰는 경우가 많은데, look forward to의 to를 to 부정사의 to로 잘못 알고 있어서 발생하는 오류이죠.

C 분사

분사는 현재분사 -ing와 과거분사 -ed로 나뉜다

분사participle는 현재분사present participle와 과거분사past participle=p.p.로 나뉩니다. 현재분사는 동명사와 같은 '동사원형+-ing' 형태이고, 과거분사는 과거시제와 같은 '동사원형+-ed' 형태입니다. 물론 생김새는 같지만 쓰임이 다르죠.

현재분사는 진행형에 쓰인다

명사 역할을 하는 동명사와 달리 현재분사는 진행형에 사용됩니다.

① I am reading a very interesting grammar book.
be + 현재분사 = 진행형
나는 아주 흥미로운 문법책을 읽고 있다.

과거분사는 완료형과 수동태에 쓰인다

반면에 과거분사는 완료형 또는 수동태에 사용됩니다.

②-1 She has never finished a grammar book before.
have + 과거분사 = 완료형
그녀는 결코 이전에 문법책을 마친 적이 없다.

②-2 He was murdered last night.
be + 과거분사 = 수동태
그는 어젯밤에 살해되었다.

✎진행형과 완료형: 〈Lesson 18: B. 시제와 상〉, 수동태: 〈Lesson 17: B. 수동태〉 참고

형용사로 사용된 현재분사는 진행의 뜻을 가진다

현재분사와 과거분사는 형용사 역할도 하는데, 현재분사는 원래 진행형에 사용되므로 형용사로 쓰였을 때도 진행의 뜻이 있습니다.

③-1 〈Sleeping Beauty〉 잠자는 (숲 속의) 미녀
=진행

디즈니 만화영화 〈Sleeping Beauty〉의 프랑스 어 원작 〈La Belle au bois dormant〉를 영어로 직역하면 ③-2가 됩니다.

③-2 〈The Beauty Sleeping in the Wood〉 숲 속에서 잠자고 있는 미녀
= the beauty (who is) sleeping in the wood

Sleeping in the Wood처럼 현재분사가 전치사구와 함께 사용되었을 때는 명사를 뒤에서 수식해야 합니다. sleeping in the wood 앞에 who is가 생략된 것으로 보기 때문이죠.

✎〈Lesson 19: A. 형용사와 형용사절〉 참고

분사의 의미상 주어로는 소유격을 사용하지 않는다

동명사와 현재분사의 또 다른 점은 동명사는 소유격을 의미상 주어로 사용하지만 현재분사는 소유격을 의미상 주어로 사용할 수 없다는 것입니다.

③-3 I saw her sleeping in the wood.
분사 sleeping의 의미상 주어
그녀가 숲 속에서 잠자고 있는 것을 내가 보았다.

her는 소유격과 목적격으로 모두 사용되지만, 만약 ③-3에서 sleeping의 주어를 '그'로 하려면 him으로 해야 합니다. 소유격인 his을 사용하면 sleeping이 동명사가 되므로 비문이 되죠.

형용사로 사용된 과거분사는 완료와 수동의 뜻을 갖는다

과거분사는 원래 완료형과 수동태에 사용되므로 형용사로 사용될 때도 ④-1처럼 이미 완료된 상황과 수동의 뜻을 가집니다.

④-1 Where is the broken window? 깨진 창문이 어디에 있어?
=완료된 상황+수동

과거분사도 현재분사와 마찬가지로 전치사구와 함께 쓰이면 ④-2처럼 명사 뒤로 와야 합니다. broken by the impact 앞에 that was가 생략된 것으로 보기 때문이죠.

④-2 This is the window broken by the impact.
= This is the window (that was) broken by the impact.
이게 그 충격에 의해 깨진 창문이야.

1 to부정사(= to+동사원형)는 명사, 형용사, 부사의 역할을 할 수 있다.

e.g. She wants to go home. 명사적 용법
It's time to go home. 형용사적 용법
I bought this gift to surprise you. 부사적 용법

2 to부정사의 의미상 주어는 to 앞에 온다.

e.g. She wants me to go home.

3 '동사원형+-ing'가 명사처럼 사용되면 '동명사'라고 하고, 동명사는 동명사구 안에서 동사의 성질을 유지한다.

e.g. Reading books is bad for your eyes. 동명사+목적어
Being a mother is a full-time job. 동명사+보어
Reading a lot is really bad for your eyes. 동명사+부사구

4 '분사'는 현재분사(-ing)와 과거분사(-ed)로 나뉘고, 현재분사는 진행형, 과거분사는 완료형과 수동태에 쓰인다.

e.g. I am reading a very interesting grammar book. 진행형
She has never finished a grammar book before. 완료형
He was murdered last night. 수동태

5 형용사로 사용된 현재분사는 진행의 뜻을 갖고, 형용사로 사용된 과거분사는 완료와 수동의 뜻을 갖는다.

e.g. <Sleeping Beauty>
=진행

Where is the broken window?
=완료+수동

Grammar Upgrade

하나의 단문에는 하나의 본동사만 쓰일 수 있다고 했는데, ⓐ에는 왜 두 개의 본동사가 사용된 것처럼 보일까요?

ⓐ Mom made me eat vegetables.
엄마는 내게 채소를 강제로 먹였어.

ⓐ의 eat처럼 to부정사의 to를 빼고 동사원형만 사용하는 것을 원형부정사bare infinitive라고 합니다. 원형부정사를 취할 수 있는 동사로는 make, have, let, help, see, hear, feel 등이 있죠.

✎「Grammar 절대 매뉴얼-실전편」의 〈Lesson 10: E. 원형부정사〉 참고

ⓐ에서 me는 원형부정사 eat의 의미상 주어입니다. 따라서 의미상 주어로 소유격을 취하는 동명사를 제외한 모든 준동사의 의미상 주어는 목적격이 되어야 한다고 말할 수 있겠죠. ('준동사'란 to부정사, 원형부정사, 동명사, 분사를 통칭하는 말입니다.)

그런데 왜 ⓑ에서는 분사구문인 being brand new의 주어로 목적격 Her가 아니고 주격 She가 사용되었을까요?

ⓑ She being brand new, I was careful of her.
분사의 주어+분사구문 = 독립 분사구문
그녀는 완전 새것이었기 때문에 나는 그녀를 조심스럽게 다뤘다.

ⓑ는 E. E. Cummings의 시 〈She Being Brand New〉의 첫 문장의 일부분입니다. She being brand new처럼 분사의 주어와 분사구문이 함께 사용된 것을 '독립 분사구문absolute phrase'이라고 합니다. (absolute phrase의 absolute

은 'free(자유로운)', 'unrestricted(제한받지 않은)'의 뜻을 가진 라틴 어 absolutus에서 유래된 것입니다.)

✎독립 분사구문: 「Writing 절대 매뉴얼-입문편」의 〈Lesson 10: 분사구문〉 참고

ⓑ처럼 분사구문이 독립적으로 사용되었을 때는 분사의 의미상 주어로 주격대명사가 사용되어야 합니다. ⓐ에서 의미상 주어가 주격대명사가 되지 못하는 이유는 me가 타동사 made의 목적어 역할도 해야 하기 때문이죠.

본문의 to부정사와 분사의 의미상 주어도 모두 같은 경우였습니다. 원래는 주격대명사가 사용되어야 하는데, 타동사의 목적어 역할도 해야 하기 때문에 어쩔 수 없이 목적격대명사가 사용된 것이었죠.

ⓒ는 플라톤(Plato)의 〈변명(Apology)〉에는 나오는 마지막 두 문장입니다. 사형 선고를 받은 소크라테스(Socrates)가 법정에서 마지막으로 한 말이죠.

ⓒ The hour of departure has arrived, and we go our ways—I to die and you to live. Which of these two is better only God knows.
떠날 시간이 다가왔습니다. 그리고 우리는 각자의 길을 가겠죠. 나는 죽으러 가고 여러분들은 살기 위해 갈 것입니다. 어느 쪽이 더 좋은 것인지는 오직 신만이 알겠죠.

독립 분사구문과 마찬가지로 I to die and you to live처럼 독립적으로 사용된 to부정사의 의미상 주어는 주격대명사를 사용해야 합니다.

17 태의 종류와 수동태

Types of Voice & Passive Voice

ⓐ 나무들이 흔들렸다.
ⓑ 그의 상처는 전문가의 검사를 받았다.
ⓒ 1988년에 서울에서 올림픽이 개최되었다.
ⓓ 이 케이크는 널 위해 만들어졌어.
ⓔ 나는 (엄마에 의해) 채소를 먹도록 강요받았어.

정답 ⓐ는 A의 ③번, ⓑ는 B의 ①-2번, ⓒ는 B의 ⑤-2번, ⓓ는 B의 ⑦-1번,ⓔ는 B의 ⑨-2번 문장을 보세요.

A 태의 종류

동작을 누가 행하고 누가 받느냐에 따라 태가 결정된다

영어에서는 동작을 누가 행하고 누가 받느냐에 따라 능동태active voice, 수동태passive voice, 중간태middle voice 문장으로 나뉩니다.

① The strong wind(Ⓐ) shook the trees(Ⓑ). 능동태

센 바람이 나무들을 흔들었다.

② The trees(Ⓑ) were shaken by the strong wind(Ⓐ). 수동태

나무들이 센 바람에 의해 흔들림을 당했다(=흔들렸다).

③ The trees(Ⓑ) shook. 중간태

나무들이 흔들림을 당했다(=흔들렸다).

①처럼 주어(the strong wind)가 동작을 행하는 문장을 능동태, ②처럼 주어(the trees)가 동작을 받는 문장을 수동태, 그리고 ③처럼 주어(the trees)가 동작을 받는데 동사는 능동태로 사용된 문장을 중간태라고 합니다. (태voice는 원래 동사에 관련된 것이므로 문장에 대해 논의할 때는 '~태 문장'이라고 해야 하지만, 짧게 하기 위해 '문장'은 빼겠습니다.)

능동태의 목적어가 수동태의 주어가 된다

능동태를 수동태로 바꾸려면 아래 표처럼 주어와 목적어의 위치를 바꾸고 동사를 'be+과거분사(p.p.)+by'로 바꾸면 됩니다.

〈능동태를 수동태로 바꾸기〉

능동태 (Ⓐ가 Ⓑ를 ~하다)		수동태 (Ⓑ가 Ⓐ에 의해 ~당하다)
Ⓐ + 타동사 + Ⓑ 주어 목적어	→	Ⓑ + be + p.p. + by Ⓐ 주어 by의 목적어
The strong wind shook the trees. Ⓐ 타동사 Ⓑ		The trees were shaken by the strong wind. Ⓑ be+p.p. by Ⓐ

'Ⓐ가 Ⓑ를 ~하다'의 뜻인 능동태를 수동태로 바꾸면 'Ⓑ가 Ⓐ에 의해 ~당하다'라는 뜻이 되죠.

능동태의 목적어를 주어 자리로 옮기면 중간태가 된다

능동태를 중간태로 바꾸는 건 아주 쉽습니다. 아래 표처럼 능동태의 목적어를 주어 자리로 옮기면 되죠.

〈능동태를 중간태로 바꾸기〉

능동태 (Ⓐ가 Ⓑ를 ~하다)		중간태 (Ⓑ가 ~당하다)
Ⓐ + 타동사 + Ⓑ 주어 목적어	→	Ⓑ + 자동사 주어
The strong wind shook the trees. Ⓐ 타동사 Ⓑ		The trees shook. Ⓑ 자동사

중간태는 수동태와 의미가 같기 때문에 'Ⓑ가 ~당하다'로 해석이 됩니다. 중간태의 동사는 목적어가 없으므로 저절로 자동사가 됩니다. 동사의 형태는 변하지 않고 단순히 능동태의 목적어가 중간태의 주어가 되기 때문이죠.

✎「Grammar 절대 매뉴얼-실전편」의 〈Lesson 15: B. 중간태〉 참고

B 수동태

수동태로 바꾸려면 목적어가 필요하다

동사를 수동태로 바꾸려면 우선 목적어가 필요합니다. 따라서 목적어를 취할 수 없는 자동사와 연결동사는 수동태로 쓰일 수 없죠. 하지만 자동사가 ①-1처럼 '전치사+목적어'를 취했을 경우는 수동태로 바뀔 수 있습니다.

①-1 A specialist looked at **his injury**.
Ⓐ 자동사 전치사 목적어
전문가가 그의 부상을 검사하였다.

①-2 **His injury** was looked **at** by a specialist.
주어 be+p.p.+**전치사** by Ⓐ
그의 상처는 전문가에 의해 검사 당했다(=전문가의 검사를 받았다).

수동태로 바뀐 후에도 전치사 at은 동사 뒤에 남아 있어야 하므로 ①-2처럼 'by Ⓐ'의 by와 나란히 두 개의 전치사가 나오게 됩니다.

타동사, 수여동사, 불완전 타동사는 수동태가 가능하다

자동사, 연결동사와 달리 (단순)타동사, 수여동사, 불완전 타동사는 모두 목적어를 취해야 하므로 수동태로 바꿀 수 있습니다. 문장의 형식과 동사의 종류에 따라 수동태 가능 여부를 표로 정리하면 다음과 같습니다.

〈동사의 종류와 수동태 가능 여부〉

문장 형식	동사의 종류	예문	수동태
1형식*	자동사	Money talks. 돈이면 다 돼.	불가능
2형식	연결동사 + 주격보어	Talk is cheap. 말은 쉽지.	불가능
3형식	(단순)타동사 + 목적어	He likes grammar. 걔는 문법을 좋아해.	가능
4형식	수여동사 + 간·목 + 직·목	You gave me hope. 넌 내게 희망을 주었어.	가능
5형식	불완전 타동사 + 목 + 목·보	I made him angry. 내가 걔를 화나게 했어.	가능

* '자동사+전치사+목적어'의 형태를 취하면 수동태 가능

상태동사는 수동태로 잘 사용되지 않는다

문법적으로는 모든 타동사를 수동태로 바꿀 수 있습니다. 그런데 왜 ②-2는 뭔가 좀 이상하다고 느껴질까요?

?는 어색한 표현임을 나타냅니다.

②-1 He likes grammar. 걔는 문법을 좋아해

②-2 ?Grammar is liked by him. ?문법은 걔에 의해 좋아함을 당해.

②-2가 어색한 이유는 like(좋아하다)처럼 상태를 나타내는 동사는 수동태로 잘 사용되지 않기 때문입니다.

이유 없이 능동태를 수동태로 바꾸지 않는다

eat(먹다)처럼 동작을 나타내는 동사도 아무 이유 없이 수동태로 바꾸지는 않습니다. 기본적인 태는 능동태이고, 수동태로 바꾸면 필요 없이 문장이 길어지기 때문이죠.

③-1 I eat pizza every day. 나는 피자를 매일 먹어.

③-2 ?Pizza is eaten by me every day. ?피자는 나에 의해 매일 먹혀.

길이를 줄이려면 ②-2, ③-2에서 각각 by him과 by me를 삭제하면 되는데, 그래도 여전히 어색하죠.

주어가 불분명할 때와 너무 당연할 때는 수동태가 더 자연스럽다

반면에 ④, ⑤처럼 능동태보다 'by Ⓐ'를 삭제한 수동태가 훨씬 자연스러운 문장들도 있습니다.

④-1 ?They make this in Korea.
?그들이 이것을 한국에서 만들어.

④-2 This is made in Korea.
이건 한국에서 만들어져.

⑤-1 ?Koreans held the Olympic Games in Seoul in 1988.
?한국인들은 1988년에 서울에서 올림픽을 개최했다.

⑤-2 The Olympic Games were held in Seoul in 1988.
1988년에 서울에서 올림픽이 개최되었다.

주어가 ④-1처럼 불분명할 때나 ⑤-1처럼 너무 당연할 때는 수동태를 사용하여 주어를 없애는 것이 좋습니다. 그래서 ④-2와 ⑤-2가 더 자연스러운 문장으로 느껴지는 것이죠.

간·목이 주어가 될 수도 있고 직·목이 주어가 될 수도 있다

수여동사는 목적어가 두 개이므로 두 종류의 수동태가 가능합니다.

⑥–1 You gave me hope. 넌 나에게 희망을 주었어.
간·목 직·목

⑥–2 I was given hope (by you). 나는 (너에 의해) 희망을 받았어.
간·목 직·목

⑥–3 Hope was given (to) me (by you). 희망은 (너에 의해) 나에게 주어졌어.
직·목 to 간·목

⑥–2에서는 간접목적어가 주어가 되었고, ⑥–3에서는 직접목적어가 주어가 되었습니다.

간·목 앞의 to는 생략할 수 있지만 for와 of는 생략할 수 없다

⑥–3에서 간접목적어 앞에 사용된 to는 생략이 가능하지만 보통 생략하지 않습니다. 반면에 ⑦과 같은 for 수여동사와 of 수여동사의 수동태에서는 for와 of를 생략할 수 없습니다.

✎수여동사의 종류: 〈Lesson 9: B. 수여동사〉 참고

⑦–1 This cake was made for you. 이 케이크는 널 위해 만들어졌어.
for 수여동사

⑦–2 I do what is asked of me. 난 나에게 요구되는 것은 해.
of 수여동사 (= 난 내가 할 일은 해.)

목적격보어는 수동태의 주어가 될 수 없다

불완전 타동사는 목적어와 목적격보어를 취하므로 ⑧–2처럼 한 종류의 수동태만 가능합니다. 보어는 수동태의 주어가 될 수 없기 때문이죠.

⑧–1 I made him angry. 내가 그를 화나게 했어.
목적어

⑧–2 He was made angry (by me). 그는 (나에 의해) 화가 나게 됐어.

원형부정사는 수동태에서 to부정사로 바뀐다

마지막으로 원형부정사를 취한 동사가 ⑨-2처럼 수동태로 바뀌면 원형부정사는 to부정사로 바뀐다는 것도 기억해야 하죠.

⑨-1 Mom made me eat vegetables.
원형부정사
엄마는 내게 채소를 강제로 먹였어.

⑨-2 I was made to eat vegetables (by Mom).
to부정사
나는 (엄마에 의해) 채소를 먹도록 강요받았어.

1 영어의 태(능동태, 수동태, 중간태)는 동작을 누가 행하고 받느냐에 따라 결정된다.

e.g. The strong wind shook the trees. 능동태
The trees were shaken by the strong wind. 수동태
The trees shook. 중간태

2 자동사는 목적어가 없기 때문에 수동태로 쓰일 수 없지만, '전치사+목적어'를 취할 경우에는 가능하다.

e.g. A specialist looked at **his injury**. 능동태
Ⓐ 자동사 전치사 목적어

→ **His injury** was looked **at** by a specialist. 수동태
주어 be+p.p.+**전치사** by Ⓐ

3 주어가 불분명하거나 너무 당연할 때는 수동태가 더 자연스럽다.

e.g. This is made in Korea.
The Olympic Games were held in Seoul in 1988.

4 수여동사의 수동태는 간접목적어나 직접목적어 둘 다 주어가 될 수 있다.

e.g. You gave me hope. → I was given hope (by you).
→ Hope was given (to) me (by you).

5 목적격보어는 수동태의 주어가 될 수 없으므로 불완전 타동사는 한 종류의 수동태만 가능하다.

e.g. I made him angry. → He was made angry (by me).

'Isaiah를 기쁘게 하는 것은 어려워.' 또는 'Isaiah의 기분을 맞춰 주는 것은 어려워.'를 영어로 바르게 표현한 문장은 무엇일까요?

ⓐ Isaiah is difficult to please.

ⓑ Isaiah is difficult to be pleased.

많은 학생들이 수동태를 공부한 후에는 ⓐ가 틀린 문장이라고 생각을 합니다. Isaiah가 누구를 기쁘게 하는 것이 아니고 누군가가 Isaiah를 기쁘게 해 주는 것이므로 Isaiah가 주어로 쓰였을 때는 ⓑ처럼 수동태 be pleased가 되어야 한다고 생각하죠. 하지만 ⓐ는 맞는 문장이고 ⓑ가 틀린 문장입니다.

사실 ⓐ는 문법적으로 여러 단계를 거쳐서 생겨난 문장입니다. 원래는 ⓒ처럼 to부정사의 명사적용법을 주어로 하는 문장이죠.

ⓒ To please Isaiah is difficult. Isaiah를 기쁘게 하는 것은 어려워.
(To please Isaiah: to부정사의 명사적용법)

그런데 To please Isaiah처럼 긴 명사(구 · 절)은 문장의 끝에 오는 것이 좋습니다. 그래서 ⓓ에서는 to please Isaiah를 문미로 보내고 주어 자리에는 가주어 It을 사용하였죠.

「Grammar 절대 매뉴얼-실전편」의 〈Lesson 25: A. 무거운 명사 이동 & Grammar Upgrade〉 참고

ⓓ It is difficult **to please Isaiah**.
(It: 가주어)

ⓔ **Isaiah** is difficult **to please**.

그리고 마지막으로 ⓔ에서는 Isaiah를 다시 문장의 주어로 옮긴 것입니다. 목적어를 ⓔ처럼 주어의 자리로 옮기는 것은 특별한 문장에서만 가능합니다. 주로 easy, simple, pleasant, tough, difficult, impossible 등과 같이 '쉬움/어려움'에 관련된 형용사(또는 명사)가 사용되었을 경우에 가능하죠.

ⓕ Isaiah is easy to please.
Isaiah를 기쁘게 하는 것은 쉬워.

ⓖ Isaiah is impossible to please.
Isaiah를 기쁘게 하는 것은 불가능해(=불가능할 정도로 어려워).

ⓗ가 비문인 이유도 possible은 impossible(불가능할 정도로 어려워)과 달리 단순한 '가능성'에 관련된 형용사이기 때문입니다. 따라서 It으로 시작하는 문장으로 바꿔야 하죠.

ⓗ *Isaiah is possible to please. → It is possible to please Isaiah.
Isaiah를 기쁘게 하는 것은 가능해.

Lesson

18 동사의 활용과 시제

Conjugation & Tense

ⓐ 너 이번 주말에 뭐해?
ⓑ 너는 네 숙제 벌써 끝냈어?
ⓒ 나는 9년 동안 계속 한국에 있었어.
ⓓ 우리는 이전에 호주에 가 본 적이 있어.
ⓔ 난 어제 내 전화기를 잃어버렸어.

정답 ⓐ는 B의 ②번, ⓑ는 C의 ①-3번, ⓒ는 C의 ②-2번, ⓓ는 C의 ④-1번, ⓔ는 C의 ⑤-2번 문장을 보세요.

A 동사의 활용

주어가 3인칭 단수이고 현재시제일 때는 동사에 -es를 붙인다

인칭person, 수number, 시제tense, 상aspect 등에 따라 동사의 어미를 변형시키는 것을 동사의 활용conjugation이라고 합니다. 영어에서 인칭과 수에 의해 동사가 활용되는 경우는 하나밖에 없습니다. ①처럼 주어가 3인칭 단수이고 현재시제일 때죠.

① He play**s** basketball all day. 그는 하루 종일 농구를 한다.
(3인칭 단수 현재)

3인칭 단수 현재 접미사 -(e)s는 복수명사 접미사 -(e)s와 형태가 같으므로 사용되는 규칙도 같습니다.

✎〈Lesson 5: B. 가산명사와 불가산명사〉의 '명사의 규칙 변화' 표 참고

규칙동사의 과거형과 과거분사에는 모두 -ed를 붙인다

동사는 과거형과 과거분사가 규칙적으로 변하는지의 여부에 따라 규칙동사와 불규칙동사로 나뉩니다. 규칙동사는 항상 접미사 -ed를 붙여 과거형과 과거분사를 만들죠. 하지만 아래 표에 정리한 것과 같이 동사의 철자에 의해 -ed를 붙이는 규칙이 조금씩 다르니 유의해야 합니다. 모든 동사의 현재분사는 -ing를 붙이는 규칙 변화입니다.

〈규칙동사〉

	원형	과거형 · 과거분사	현재분사	
ⓐ	jump climb paint need	jumped climbed painted needed	jumping climbing painting needing	대부분의 동사 + -ed/-ing
ⓑ	hope close date decide	hoped closed dated decided	hoping closing dating deciding	-e로 끝날 때 + -d -e로 끝날 때 = -e 삭제 + -ing
ⓒ	hop rob prefer commit	hopped robbed preferred committed	hopping robbing preferring committing	〈단모음+단자음으로 끝나는 동사〉 1음절 = 마지막 자음 반복 + -ed/-ing * 2음절 = 강세가 두 번째 음절에 있을 때만 자음 반복 + -ed/-ing
ⓓ	try study	tried studied	trying studying	자음 + y로 끝날 때 = y를 i로 + -ed 자음 + y로 끝날 때 + -ing **
ⓔ	panic mimic	panicked mimicked	panicking mimicking	-c로 끝날 때 = k 추가 + -ed/-ing

* -w와 -x는 반복하지 않음 (예: bow-bowed-bowing, mix-mixed-mixing)
** -ie로 끝나는 동사의 현재분사는 -ie를 y로 바꾸고 -ing를 붙임
(예: die = dying, tie = tying, lie = lying)

불규칙동사는 네 가지 유형으로 나뉜다

불규칙동사는 원형, 과거형, 과거분사가 어떻게 같고 다른지에 따라 다음 네 가지 유형으로 나뉩니다.

〈불규칙동사〉

	원형	과거형	과거분사	
ⓐ	hit	hit	hit	원형 = 과거형 = 과거분사
	let	let	let	
	cut	cut	cut	
	put	put	put	
	cost	cost	cost	
ⓑ	come	came	come	원형 = 과거분사
	become	became	become	
	run	ran	run	
ⓒ	have	had	had	과거형 = 과거분사
	say	said	said	
	make	made	made	
	think	thought	thought	
	leave	left	left	
	meet	met	met	
	strike	struck	struck	
	lead	led	led	
	build	built	built	
	find	found	found	
	win	won	won	
	tell	told	told	
	stand	stood	stood	
	swing	swung	swung	
	dig	dug	dug	
ⓓ	do	did	done	원형 ≠ 과거형 ≠ 과거분사
	go	went	gone	
	take	took	taken	
	see	saw	seen	
	get	got	gotten	
	eat	ate	eaten	
	sing	sang	sung	
	ring	rang	rung	
	drive	drove	driven	
	choose	chose	chosen	
	speak	spoke	spoken	
	break	broke	broken	

B

시제와 상

상과 시제가 결합하여 영어의 '12 시제'를 만든다

시간을 과거, 현재, 미래의 세 가지로 나눈 문법 범주를 시제(時制) tense라고 합니다. 영어의 '12 시제'는 이 세 가지 시제와 ⓐ단순, ⓑ완료, ⓒ진행, ⓓ완료진행의 네 가지 상(相)aspect(=동작 · 상태를 보는 관점)을 결합하여 만듭니다.

✎상(aspect): 「Grammar 절대 매뉴얼-실전편」의 〈Lesson 8: 시제와 상 I〉 참고

〈동사의 12시제〉

		상aspect			
		ⓐ 단순	ⓑ 완료 have+과거분사	ⓒ 진행 be+현재분사	ⓓ 완료진행 have been+현재분사
시제 tense	과거	walked	had walked	was/were walking	had been walking
	현재	walk/ walks	have/has walked	am/are/is walking	have/has been walking
	미래	will walk	will have walked	will be walking	will have been walking

완료형 = 어느 한 시점부터 그 이후의 다른 시점까지

완료형은 have조동사에 과거분사를 더하여 만듭니다. 다음 도표에서 볼 수 있는 것처럼 모든 완료형(과거완료, 현재완료, 미래완료)의 기본적인 관점은 어느 한 시점부터 그 이후의 다른 시점까지입니다. 그리고 그 사이에 일어난 동작 또는 상태의 Ⓐ완료, Ⓑ계속, Ⓒ경험, Ⓓ결과를 나타내죠.

〈과거, 현재, 미래완료형〉

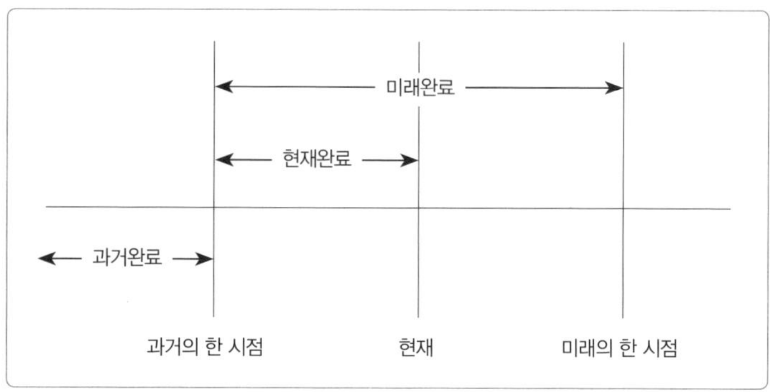

진행형 = '~하는 중이다'

진행형은 ①-1처럼 be동사에 현재분사를 더해서 만듭니다. 진행형의 기본적인 의미는 '~하는 중이다.'입니다. 우리말과 별로 다르지 않죠.

①-1 I am reading a book. 진행형
나는 책을 읽고 있는 중이야.

완료진행형은 완료와 진행을 합친 것이니 ①-2처럼 'have+been(=be의 과거분사)+현재분사'가 되겠죠.

①-2 I have been reading this book for three hours. (완료진행형)
나는 이 책을 3시간 동안 읽고 있었어.

가까운 미래는 현재진행형을 사용한다

영어에서는 법조동사 will을 사용하는 단순미래시제 외에 현재진행형 또는 단순현재시제를 사용하여 미래를 나타낼 수도 있습니다. 가까운 미래에 대해서 이야기할 때는 주로 ②처럼 현재진행형을 사용하죠.

② A: What are you doing this weekend?
(가까운 미래를 나타내는 현재진행형)
너 이번 주말에 뭐 해?

B: I'm going to my grandparents' place.
할머니 · 할아버지 댁에 갈 거야.

스케줄과 관련된 미래는 단순현재를 사용한다

단순현재시제가 미래를 나타내는 경우는 ③처럼 스케줄과 관련된 미래에 대해 이야기할 때입니다.

③ I can't believe (that) school starts next week.
스케줄과 관련된 미래
다음 주에 학교가 시작한다는 것을 난 믿을 수 없어.

that school starts next week는 believe의 목적어 역할을 하는 명사절이죠. 이렇게 타동사의 목적어로 사용된 that 명사절의 that은 일상 대화에서는 주로 생략됩니다.

시간 · 조건부사절에서는 현재가 미래를 대신한다

그리고 〈Lesson 12: A. 부사절 종속접속사〉에서 이미 배운 것처럼 시간과 조건을 나타내는 부사절에서도 현재시제가 미래시제를 대신합니다.

④-1 When I **get** home tonight, I'll give you a call.
시간부사절
오늘 저녁에 집에 도착했을 때 너한테 전화해 줄게.

④-2 If it **rains** tomorrow, we'll just stay home.
조건부사절
만약 내일 비가 오면 우린 그냥 집에 있을래.

C 완료형

완료 용법 =
'막 ~하였다'

'~하는 중이다'로 간단히 해석되는 진행형과 달리 완료형은 용법이 네 가지나 있습니다(Ⓐ완료, Ⓑ계속, Ⓒ경험, Ⓓ결과). '막 ~하였다'의 뜻으로 사용되는 'Ⓐ완료 용법'은 주로 ①처럼 just, yet, already, recently와 같은 부사와 함께 사용됩니다.

①-1 Athena has just finished her homework. 완료
Athena는 막 그녀의 숙제를 끝냈어.

①-2 But I haven't finished my homework yet. 완료
그런데 난 아직 내 숙제를 끝내지 못 했어.

①-3 Have you finished your homework already? 완료
너는 네 숙제 벌써 끝냈어?

계속 용법 =
'~해 오고 있다'

'~해 오고 있다'의 뜻으로 사용되는 'Ⓑ계속 용법'은 주로 ②처럼 since 또는 for와 함께 사용됩니다.

②-1 He's been healthy since last year. 계속
그는 작년부터 계속 건강해.

②-2 I've been in Korea for nine years. 계속
나는 9년 동안 계속 한국에 있었어.

하지만 since와 for가 항상 완료형과 함께 사용되는 것은 아닙니다. ③처럼 단순과거와도 함께 사용될 수 있죠.

③-1 Since when did you start listening to classical music?
언제부터 네가 클래식 음악을 듣기 시작했어?

③-2 I was in China for three weeks last year.
나는 작년에 3주 동안 중국에 있었어.

경험 용법 =
'~한 적이 있다'

'~한 적이 있다'의 뜻으로 사용되는 'Ⓒ경험 용법'은 주로 ④처럼 before, never, once 등과 함께 사용됩니다.

④-1 We have been to Australia before. 경험
우리는 이전에 호주에 가 본 적이 있어.

④-2 I've never met him, but I've met her once. 경험
나는 한 번도 그를 만난 적이 없는데, 그녀는 한 번 만난 적이 있어.

결과 용법 =
'~해 버렸다'

'Ⓓ결과 용법'은 주로 '~해 버렸다'로 해석되는데 단순과거와 달리 ⑤-1처럼 그 결과가 현재에도 미치고 있다는 것을 강조할 때 사용됩니다.

⑤-1 I've lost my phone. 결과
난 내 전화기를 잃어버렸어. (그래서 지금 없어.)

⑤-1에는 현재완료가 쓰였으므로 지금도 전화기가 없다는 뜻이 명확합니다. 단순과거를 사용하면 아직도 전화기를 못 찾았다는 뜻이 명확하지 않죠. 하지만 일상 대화에서는 그냥 단순과거를 사용하기도 합니다.

과거 시점을
명확히 나타내는
단어 · 구와는
현재완료를
사용할 수 없다

그런데 '어제 잃어버려서 지금도 없다.'의 뜻으로 ⑤-1에 yesterday를 사용할 수는 없습니다. ⑤-2처럼 단순과거를 사용해야 하죠.

⑤-2 I ~~have~~ lost my phone yesterday.
난 어제 내 전화기를 잃어버렸어.

⑤-2에 단순과거를 사용해야 하는 이유는 yesterday, last year, in 2002처럼 과거 시점을 명확히 나타내는 단어 · 구와는 현재완료를 사용할 수 없기 때문입니다. 현재완료는 말 그대로 현재와 관련이 있는 시제이기 때문에 명확한 과거를 나타내는 단어 · 구와는 어울

리지 않는 것이죠. (②-1처럼 명확한 과거를 나타내는 단어 · 구가 since(~부터)와 함께 사용된 경우에는 현재완료가 가능합니다.)

현재완료의 네 가지 용법의 의미와 예문을 표로 정리하면 다음과 같습니다. 과거완료와 미래완료도 이 네 가지 용법으로 모두 사용될 수는 있습니다. 하지만 현재완료만큼 자주 사용되지는 않죠.

〈현재완료의 네 가지 용법〉

	의미	예문
Ⓐ 완료	~하였다	Athena has just finished her homework. Athena는 막 숙제를 끝냈어.
Ⓑ 계속	~해 오고 있다	He's been healthy since last year. 그는 작년부터 계속 건강해.
Ⓒ 경험	~한 적이 있다	We have been to Australia before. 우리는 이전에 호주에 가 본 적이 있어.
Ⓓ 결과	~해 버렸다	I've lost my watch. 난 시계를 잃어버렸어. (그래서 지금 없어.)

과거완료는 과거에 발생한 두 사건의 순서를 나타낼 때 사용된다

과거완료는 ⑥-1처럼 단순과거의 동작보다 과거완료의 동작이 먼저 일어났음을 나타낼 때 사용됩니다.

⑥-1 When I got home, Jaden had already gone to bed.
단순과거 (got) / 과거완료 (had already gone)
내가 집에 도착했을 때 Jaden은 이미 잠자리에 들어 있었다.

하지만 과거완료도 ⑥-2처럼 단독으로 사용될 수 있습니다.

⑥-2 I hadn't thought of that. 그건 생각 못 해 봤어.
(= I hadn't thought of that before you told me.)

⑥-2는 미처 생각하지 못한 좋은(또는 나쁜) 아이디어를 들었을 때 사용하는 표현이죠.

미래완료는 사용 빈도가 아주 낮다

완료형 중에서 사용 빈도가 가장 낮은 것은 미래완료입니다. 미래완료를 사용해야 할 상황이 많지도 않고 사용될 수 있더라도 보통 단순미래로 대체되기 때문이죠. 하지만 모든 미래완료가 단순미래로 대체될 수 있는 것은 아닙니다.

⑦-1 By 2036, I will have lived in Korea for 30 years. 계속
2036년에는 내가 한국에서 30년간 계속 산 것이 될 것이다.

⑦-2 If we go to Disneyland again tomorrow,
we will have gone there exactly ten times. 경험
내일 또 디즈니랜드에 가면, 우리는 거기에 정확히 열 번을 간 것이 될 것이다.

⑦-1처럼 계속 용법으로 사용된 미래완료나 ⑦-2처럼 경험 용법으로 사용된 미래완료는 단순미래로 대체될 수 없죠.

1 주어가 3인칭 단수이고 현재시제일 때는 동사에 -(e)s를 붙인다.

e.g. He plays basketball all day.

2 규칙동사에는 모두 -ed를 붙이고, 불규칙동사는 네 가지 유형으로 나뉜다.

ⓐ 원형 = 과거형 = 과거분사 e.g. hit - hit - hit

ⓑ 원형 = 과거분사 e.g. come - came - come

ⓒ 과거형 = 과거분사 e.g. have - had - had

ⓓ 원형 ≠ 과거형 ≠ 과거분사 e.g. do - did - done

3 영어의 '12 시제'는 세 가지 시제와 네 가지 상을 결합하여 만든다.

		상aspect			
		ⓐ 단순	ⓑ 완료 have+과거분사	ⓒ 진행 be+현재분사	ⓓ 완료진행 have been+현재분사
시제 tense	과거	walked	had walked	was/were walking	had been walking
	현재	walk/ walks	have/has walked	am/are/is walking	have/has been walking
	미래	will walk	will have walked	will be walking	will have been walking

4 현재진행형은 '~하는 중이다'란 뜻 외에 가까운 미래를 나타낼 때도 사용된다.

e.g. I am reading a book.
What are you doing this weekend?

5 완료형은 완료, 계속, 경험, 결과를 나타낸다.

e.g. Athena has just finished her homework. 완료
He's been healthy since last year. 계속
We have been to Australia before. 경험
I've lost my watch. 결과

Grammar Upgrade

다음 세 문장은 모두 blessed를 포함하고 있습니다. 그런데 이 세 문장의 blessed 중 발음이 다른 것은 어떤 것일까요?

ⓐ God has blessed us. 현재완료
신이 우리를 축복하셨다.

ⓑ We have been blessed by God. 수동태
우리는 신에 의해 축복을 받았다.

ⓒ Blessed be Your name! 기원문
주님의 이름이 신성하기를!

과거 · 과거분사 접미사 -ed는 무성음 뒤에서는 [t], 유성음 뒤에서는 [d]로 발음이 됩니다. bless는 무성음인 [s]로 끝나므로 blessed에서 -ed는 [t]로 발음이 되겠죠. 현재완료와 수동태로 각각 사용된 ⓐ와 ⓑ에서는 blessed가 모두 [blest]로 발음됩니다. 그런데 이상하게도 ⓒ에서는 blessed가 [blesid]로 발음이 되죠.

-ed가 [id]로 발음되는 경우는 visit, invite, add, decide처럼 [t] 또는 [d] 소리로 끝나는 동사와 결합할 때입니다. 하지만 bless는 [s]로 끝나는데 왜 ⓒ에서는 -ed가 [id]로 발음이 될까요? 이유는 ⓒ의 blessed은 과거분사가 아닌 '신성한'이란 뜻의 형용사이기 때문입니다.

다음 예시에서 -ed가 모두 [id]로 발음되는 이유도 -ed를 포함한 단어가 모두 과거분사가 아닌 형용사이기 때문입니다.

ⓓ a learned person 박식한 사람

ⓔ a beloved friend 소중한 친구

ⓕ a naked emperor 벌거벗은 황제

ⓖ a wicked witch 사악한 마녀

ⓗ a wretched miser 비열한 구두쇠

ⓘ a crooked path 삐뚤어진 길

고대 영어에서는 동사를 분사로 바꾸는 접미사와 명사를 형용사로 바꾸는 접미사가 따로 있었고, 후자는 항상 [id]로 발음되었죠. 그런데 두 접미사가 합쳐져서 -ed가 되었고, -ed는 명사와 더불어 동사도 형용사로 바꿀 수 있게 된 것입니다.

형용사절과 관계대명사
Adjective Clauses & Relative Pronouns

ⓐ 그녀가 숲 속에서 잠자고 있는 미녀야.
ⓑ 이게 그 충격에 의해 깨진 창문이야.
ⓒ 이게 내가 어제 산 노트북이야.
ⓓ 나는 부모님이 정말 엄격한 사람을 알아.
ⓔ 저게 그녀가 실수로 꼬리를 밟은 개야.

정답 ⓐ는 B의 ①-2번, ⓑ는 B의 ②-2번, ⓒ는 B의 ③-2번, ⓓ는 B의 ④-2번, ⓔ는 B의 ⑥-2번 문장을 보세요.

형용사와 형용사절

형용사는 명사 앞에 온다

〈Lesson 16: C. 분사〉에서 분사는 형용사로 사용될 수 있고 ①처럼 단독으로 사용되었을 때는 다른 형용사와 마찬가지로 명사의 앞에 온다고 배웠습니다.

①-1 〈Sleeping Beauty〉 잠자는 미녀

①-2 Where is the broken window? 깨진 창문이 어디에 있어?

그런데 이상하게도 ②처럼 전치사구와 함께 쓰이면 명사의 뒤에 놓여야 한다고 배웠죠.

②-1 〈The Beauty Sleeping in the Wood〉
숲 속에서 잠자고 있는 미녀

②-2 This is the window broken by the impact.
이게 그 충격에 의해 깨진 창문이야.

형용사절은 명사 뒤에 온다

전치사구와 함께 쓰인 분사가 명사의 뒤에 와야 하는 이유는 sleeping in the wood와 broken by the impact가 사실은 형용사절의 일부분이기 때문입니다. 형용사와 달리 형용사절은 꾸며 주는 명사의 뒤에 와야 합니다.

③-1 the beauty **who is** sleeping in the wood (형용사절)

= 숲 속에서 잠자고 있는 미녀 (형용사절: 숲 속에서 잠자고 있는)

③-2 This is the window **that was** broken by the impact. (형용사절)

= 이게 그 충격에 의해 깨진 창문이야. (형용사절: 그 충격에 의해 깨진)

영어의 형용사가 비정상이다

영어에서 형용사절이 명사 뒤에 오는 것이 이상하다고 느껴질 수 있는데 사실은 형용사가 명사 앞에 오는 것이 이상한 것입니다. 한국어와 같은 SOV 언어는 형용사와 형용사절을 모두 명사 앞에 두고 영어와 같은 SVO 언어는 형용사와 형용사절을 모두 명사 뒤에 두는 것이 원칙이기 때문입니다.

관계대명사는 우리말로 해석되지 않는다

우리말과 다른 어순 외에 형용사절이 어렵게 느껴지는 또 하나의 이유는 ③-1의 who와 ③-2의 that처럼 우리말로는 해석이 되지 않는 '관계대명사'를 사용해야만 형용사절을 만들 수 있기 때문입니다.

B 관계대명사

관계대명사는 형용사절을 이끈다

관계대명사relative pronoun란 두 문장을 연결할 때(관계를 맺어 줄 때) 사용하는 대명사를 지칭하는 말입니다. 관계대명사에는 who, which, that 세 가지가 있는데, 어떤 관계대명사가 사용되는지는 '선행사antecedent(=먼저 가는 명사)'에 달려 있습니다. 관계대명사가 이끄는 절은 선행사를 꾸며 주는 형용사 역할을 하므로 형용사절이라고 하죠.

①-1 She is the beauty. + She is sleeping in the wood.
사람

①-2 She is the beauty who is sleeping in the wood.
선행사 주격 관계대명사 (that도 가능, which는 불가능)
그녀가 숲 속에서 잠자고 있는 미녀야.

관계대명사는 선행사에 따라 변한다

①처럼 선행사가 사람일 때는 who 또는 that을 사용합니다. who는 선행사가 꼭 사람이어야 하지만 that은 사람, 사물, 동물 모두 가능합니다. ②처럼 선행사가 사물일 때는 that 또는 which를 사용합니다.

②-1 This is the window. + It was broken by the impact.
사물

②-2 This is the window that was broken by the impact.
선행사 주격 관계대명사 (which도 가능, who는 불가능)
이게 그 충격에 의해 깨진 창문이야.

which는 선행사가 사물 또는 동물일 때 사용하는데, 회화체에서는 잘 사용되지 않습니다.

관계대명사의 주격과 목적격은 형태가 동일하다

①-2의 who와 ②-2의 that은 각각의 형용사절에서 주어 역할을 하므로 '주격 관계대명사'입니다. 아래 표에 정리한 것과 같이 관계대명사는 주격과 목적격이 같고 소유격으로는 whose만 사용됩니다.

〈관계대명사의 종류〉

선행사	주격 · 목적격	소유격
사람	who *	whose
사물, 동물	which	whose **
사람, 사물, 동물	that	whose

* 목적격으로 whom도 가능
** of which도 가능

목적격 관계대명사도 선행사 바로 뒤에 놓인다

관계대명사는 항상 형용사절의 첫 부분에 사용됩니다. 따라서 목적격 관계대명사도 ③-2처럼 선행사 바로 뒤에 와야 하죠.

③-1 This is the laptop. + I bought it yesterday.
사물

③-2 This is the laptop that I bought ø yesterday.
선행사 목적격
이게 내가 어제 산 노트북이야.

관계대명사로 바뀐 주어와 마찬가지로 관계대명사로 바뀐 목적어는 반복되지 않습니다. ③-2에서 it을 사용하는 것은 흔히 범하는 오류 중 하나죠. 선행사가 사람일 때는 whom도 목적격 관계대명사로 사용될 수 있지만 현대 영어에서는 거의 사용되지 않습니다.

소유격 관계대명사로는 항상 whose가 사용된다

소유격 관계대명사는 선행사의 종류에 관계없이 항상 whose가 사용됩니다.

④-1 I know someone. + His parents are really strict.
사람

④-2 I know someone whose parents are really strict.
선행사 소유격
나는 부모님이 정말 엄격한 사람을 알아.

of which는 회화체에서 사용되지 않는다

선행사가 ④처럼 사람일 때는 물론이고 ⑤와 ⑥처럼 사물 또는 동물일 때도 whose를 사용합니다. of which라는 표현도 가능하지만 회화체에서는 사용되지 않습니다.

⑤-1 This is the apartment. + I painted its living room.
사물

⑤-2 This is the apartment whose living room I painted.
선행사 소유격
이게 내가 거실을 페인트칠한 아파트야.

⑥-1 That is the dog. + She stepped on its tail by accident.
동물

⑥-2 That is the dog whose tail she stepped on by accident.
선행사 소유격
저게 그녀가 실수로 꼬리를 밟은 개야.

주격 · 목적격과 마찬가지로 소유격 관계대명사도 우리말로는 해석을 하지 않습니다. whose를 '누구의'로 해석하려고 하면 ⑤와 ⑥은 물론이고 선행사가 사람인 ④도 해석이 되지 않죠.

C 관계대명사의 생략

목적격 관계대명사는 항상 생략이 가능하다

소유격 관계대명사는 어떤 경우에도 생략이 불가능합니다. 하지만 목적격 관계대명사는 항상 생략이 가능하죠.

①-1 This is the laptop whose keyboard is broken.
소유격 = 생략 불가능
이게 키보드가 망가진 노트북이야.

①-2 This is the laptop (that) I bought yesterday.
목적격 = 생략 가능
이게 내가 어제 산 노트북이야.

주격 관계대명사는 단독으로는 생략이 불가능하다

반면에 주격 관계대명사는 생략이 가능한 경우와 생략이 불가능한 경우가 있습니다. 목적격 관계대명사와 달리 주격 관계대명사는 단독으로는 생략이 불가능합니다.

①-3 This is the laptop that cost me $2,000.
주격 = 생략 불가능
이게 내가 2천불을 주고 산(=내게 2천불이 든) 노트북이야.

주격 관계대명사는 be동사와 함께 생략이 가능하다

하지만 ②-1, ②-2처럼 be동사와 함께 쓰인 주격 관계대명사는 be동사와 함께 생략이 가능하죠.

②-1 She is the beauty (who is) sleeping in the wood.
주격 관계대명사+is = 생략 가능
그녀가 숲 속에서 잠자고 있는 미녀야.

②-2 This is the window (that was) broken by the impact.
주격 관계대명사+was = 생략 가능
이게 그 충격에 의해 깨진 창문이야.

1 형용사는 명사 앞에 오지만, 형용사절은 명사 뒤에 온다.

e.g. <Sleeping Beauty>
형용사

the beauty who is sleeping in the wood
형용사절

2. 관계대명사는 선행사와 격에 따라 변한다.

선행사	주격 · 목적격	소유격
사람	who	whose
사물, 동물	which	whose
사람, 사물, 동물	that	whose

3 목적격 관계대명사도 선행사 바로 뒤에 놓이며, 생략 가능하다.

e.g. This is a laptop. + I bought it yesterday.

= This is the laptop (that) I bought ø yesterday.

4 소유격 관계대명사로는 항상 whose가 사용되며, 생략이 불가능하다.

e.g. This is an apartment. + I painted its living room.

= This is the apartment whose living room I painted.

5 주격 관계대명사는 단독으로는 생략이 불가능하지만 be동사와 함께는 생략이 가능하다.

e.g. This is the laptop that cost me $2,000. (생략 불가능)

She is the beauty (who is) sleeping in the wood. (생략 가능)

다음 두 문장은 똑같은 뜻을 가지고 있습니다. 그런데 두 문장 중 형용사절을 포함하고 있지 않는 문장은 무엇일까요?

ⓐ–1 I love the thing that you do for me.

ⓑ–1 I love what you do for me.

관계대명사 who, which, that과 달리 **what은 '선행사를 포함하는 관계대명사'**로 불립니다. ⓐ의 the thing과 that이 합쳐져 ⓑ의 what이 되기 때문이죠.

선행사 관계대명사

ⓐ–2 I love the thing that you do for me.

형용사절

ⓑ–2 I love what you do for me.

명사절

난 네가 나를 위해 하는 것을 좋아한다.

what은 '선행사를 포함하기' 때문에 다른 관계대명사와 달리 명사절을 이끕니다. ⓐ에서 that you do for me는 선행사 the thing을 꾸며 주는 형용사절이지만 ⓑ에서 what you do for me는 love의 목적어 역할을 하는 명사절이죠. 그래서 정확히 말하면 **what은 관계대명사가 아니고 '자유 관계대명사free relative pronoun'**라고 합니다.

✎what과 명사절:「Grammar 절대 매뉴얼-실전편」의 〈Lesson 22: 명사절과 부사절〉 참고

조건문과 가정법

Conditional Sentences & Subjunctive Mood

ⓐ 아기들은 큰 소리를 들으면 울기 시작한다.
ⓑ 내일 비가 오면 우린 그냥 집에 있을래.
ⓒ 돈이 더 많았더라면 지금 훨씬 더 행복했겠지.
ⓓ 법학 전문 대학원에 갔었더라면 변호사가 됐었겠지.
ⓔ 충분한 시간이 생긴다면 불어를 배울 텐데.

정답 ⓐ는 A의 ①-1번, ⓑ는 A의 ②-1번, ⓒ는 A의 ③-1번, ⓓ는 A의 ③-2번, ⓔ는 B의 ⑤번 문장을 보세요.

A 조건문의 종류

조건문은 미래 · 사실 · 상상 조건문으로 나뉜다

조건문이란 조건부사절(=if절)을 포함한 문장으로, ①사실 조건문, ②미래 조건문, ③상상 조건문의 세 가지로 나뉩니다. 이 중 가장 문법적으로 간단한 것은 사실 조건문입니다. ①-1처럼 if절과 주절의 시제가 같기 때문이죠.

①-1 If babies **hear** loud noises, they **start** to cry. 사실 조건문
if절 시제(현재) = 주절 시제(현재)
아기들은 큰 소리를 들으면 울기 시작한다.

사실 조건문의 if는 when으로 대체할 수 있다

사실 조건문은 주로 불변의 진리를 나타낼 때 사용됩니다. 따라서 ①-2처럼 사실 조건문의 if는 when으로 대체할 수 있죠.

①-2 When babies hear loud noises, they start to cry.
아기들은 큰 소리를 들었을 때 울기 시작한다.

미래 조건문의 if절에서는 현재가 미래를 대신한다

조건부사절에서는 현재시제가 미래시제를 대신한다고 배웠는데, 사실 이건 ②-1과 같은 미래 조건문에만 해당되는 규칙입니다.

②-1 If it **rains** tomorrow, we'**ll** just stay home. 미래 조건문
if절 = 현재시제 / 주절 = 미래시제
내일 비가 오면 우린 그냥 집에 있을래.

그리고 사실 조건문과 달리 미래 조건문에서는 If를 When으로 바꿀 수 없습니다.

②-2 *When it rains tomorrow, we'll just stay home.

상상 조건문에는 가정법이 사용된다

미래 · 사실 조건문과 달리 상상 조건문에는 가정법이 사용됩니다.

③-1 If I had more money, I would be a lot happier now.
단순과거 / would 동사원형 현재 상상 조건문
돈이 더 많았더라면 지금 훨씬 더 행복했겠지.

단순 과거시제 = 현재 상황 가정, 과거완료시제 = 과거 상황 가정

가정법의 특징은 ③-1처럼 if절의 현재 상황은 단순 과거시제로 나타내고, ③-2처럼 if절의 과거 상황은 과거완료시제로 나타낸다는 것입니다.

③-2 If I had gone to law school, I would have become a lawyer.
과거완료 / would have+p.p. 과거 상상 조건문
법학 전문대학원에 갔었더라면 변호사가 됐었겠지.

상상 조건문의 주절에는 will을 사용할 수 없다

현재 상상 조건문과 과거 상상 조건문 모두 주절에서는 will 대신 would가 사용되어야 합니다. 법조동사 would 뒤에는 동사원형이 사용되어야 하므로 과거완료(had+p.p.)의 had는 have가 되어 would have+p.p.가 되죠.

다음 표는 조건문의 특징과 예문을 정리한 것입니다.

〈조건문의 종류〉

	특징	예문
Ⓐ 사실 조건문	if절 시제 = 주절 시제	If babies hear loud noises, they start to cry. 아기들은 큰 소리를 들으면 울기 시작한다.
Ⓑ 미래 조건문	if절은 현재시제 주절은 미래시제	If it rains tomorrow, we'll just stay home. 만약 내일 비가 오면 우린 그냥 집에 있을래.
Ⓒ 상상 조건문	가정법이 사용됨	If I had more money, I would be a lot happier now. 돈이 더 많았더라면 지금 훨씬 더 행복했겠지.

B

상상 조건문과 가정법

영어에서 가정법은 주로 과거시제로 나타낸다

가정법은 법mood의 한 종류입니다. 법이란 화자가 자신이 하는 말에 대한 태도(확신/불확신, 희망/명령, 강조/망설임 등)를 동사의 어미를 변형시켜 나타내는 것을 뜻하는데, 영어에서는 과거시제(또는 동사원형)를 사용해 가정법을 나타냅니다.

✎가정법 동사원형의 예: Grammar Upgrade 참고

가정법은 wish와도 함께 사용된다

가정법이 가장 자주 사용되는 곳은 상상 조건문입니다. 하지만 가정법이 꼭 상상 조건문에만 사용되는 것은 아닙니다. ①, ②, ③에서처럼 가정법은 wish와도 함께 사용되죠.

① I wish I were a little taller. wish 가정법 현재

단순 과거 = 현재 상황

조금만 더 키가 컸으면 좋았을 텐데…….

be동사가 가정법에 사용될 때는 주어에 관계없이 항상 ①처럼 were가 되어야 합니다. 물론 상상 조건문에서도 항상 were가 사용되어야 하죠. 하지만 일상 대화에서는 was가 사용되기도 합니다. ②에서는 과거 상황을 가정하고 있으므로 과거완료시제가 사용되었습니다.

② I wish I had studied harder last year. wish 가정법 과거
과거완료 = 과거 상황
작년에 공부를 더 열심히 했었더라면 좋았을 텐데…….

미래 상황을 가정할 때는 ③처럼 will 대신 would(또는 could)를 써야 합니다.

③ I wish you would come back. wish 가정법 미래
당신이 돌아오면 좋을 텐데…….

미래 상상 조건문과 현재 상상 조건문의 시제는 동일하다

③은 미래 상황을 가정하는 것이 명확한데, ④는 현재를 가정하는 것인지 미래를 가정하는 것인지 불분명합니다.

④ If I had enough time, I would learn French.
ⓐ 충분한 시간이 있다면 불어를 배울 텐데. 현재 상황 가정
ⓑ 충분한 시간이 생긴다면 불어를 배울 텐데. 미래 상황 가정

미래 상상 조건문은 현재 상상 조건문과 똑같은 시제를 사용하기 때문에 두 가지의 해석이 가능한 것이죠.

if절에 were to를 사용하면 확실한 미래 상황이 된다

I would learn French 뒤에 now 또는 next year 등을 넣어 준다면 현재인지 미래인지가 명확해집니다. 미래 상황이라는 것을 확실히 나타내 주는 또 다른 방법은 ⑤처럼 if절에 were to를 넣어 주는 것입니다.

⑤ If I were to have enough time, I would learn French.
충분한 시간이 생긴다면 불어를 배울 텐데. 미래 상상 조건문

상상 조건문에 사용된 가정법은 if절과 주절의 시제를 모두 고려해야 하므로 wish 가정법보다 더 복잡합니다. 상상 조건문에 쓰이는 가정법을 표로 정리하면 다음과 같습니다.

〈상상 조건문에 쓰이는 가정법〉

	시제		예문
과거 상황	if절	과거완료(had+p.p.)	If I had gone to law school, I would have become a lawyer. 법학 전문 대학원에 갔었더라면 변호사가 됐었겠지.
	주절	would have+p.p.	
현재 상황	if절	단순과거	If I had more money, I would be a lot happier now. 돈이 더 많았더라면 지금 훨씬 더 행복했겠지.
	주절	would+동사원형	
미래 상황	if절	단순과거 또는 were to	If I were to have enough time, I would learn French. 충분한 시간이 생긴다면 불어를 배울 텐데.
	주절	would+동사원형	

1 조건문은 if절을 포함한 문장으로, 사실 · 미래 · 상상 조건문으로 나뉜다.

2 불변의 진리를 나타낼 때 사실 조건문을 사용한다. 이때 if절과 주절의 시제는 같으며, if는 when으로 바꿀 수 있다.

e.g. If babies **hear** loud noises, they **start** to cry.
= When babies hear loud noises, they start to cry.

3 미래 조건문의 if절에서는 현재시제가 미래시제를 대신하고, if는 when으로 바꿀 수 없다.

e.g. If it **rains** tomorrow, we'**ll** just stay home.
= *When it rains tomorrow, we'll just stay home.

4 상상 조건문에서는 가정법이 사용된다. 따라서 현재 상황은 단순 과거로 과거 상황은 과거완료시제로 나타낸다.

e.g. If I had more money, I would be a lot happier now.
단순 과거 / would 동사원형 / 현재 상상 조건문

If I had gone to law school, I would have become a lawyer.
과거완료 / would have+p.p. / 과거 상상 조건문

5 가정법은 wish와도 함께 사용된다.

e.g. I wish I were a little taller.

다음 두 문장의 차이점은 무엇일까요?

ⓐ God helps us all. ⓑ God help us all.

ⓐ는 평서문입니다. 3인칭 단수 현재시제 helps가 사용되었기 때문이죠. 반면에 ⓑ는 기원문입니다. 동사원형인 help가 사용되었기 때문이죠. 〈Lesson 4: C. 감탄문과 기원문〉 참고 ⓐ와 ⓑ를 우리말로 해석하면 다음과 같이 됩니다.

ⓐ 신은 우리 모두를 도와주신다. ⓑ 신이시여 우리 모두를 도와주소서.

ⓑ와 같은 기원문에서 사용되는 동사원형도 가정법의 일종입니다. 가정법은 동사원형으로 나타낼 수도 있기 때문이죠. 가정법 동사원형은 ⓒ의 so be it과 같은 숙어에 사용되기도 합니다.

ⓒ If she doesn't want to talk to me, then so be it.
만약 그녀가 나와 얘기하기 싫다면 그래도 좋다(상관없다).

가정법 동사원형은 또 ⓓ, ⓔ처럼 중요하거나 절박한 상황을 나타내는 동사(insist, recommend, suggest 등) 또는 형용사(important, essential, necessary 등)와 함께 사용되기도 합니다.

ⓓ I insist that she be the leader of our group.
나는 그녀가 우리 모임의 대표가 될 것을 주장한다.

ⓔ It is important that he not be the leader of our group.
그가 우리 모임의 대표가 되지 않는 것이 중요하다.

ⓔ의 not be 앞에는 should가 생략된 것입니다. 마찬가지로 ⓓ의 be 앞에 should가 생략된 것이죠. 영국 영어에서는 주로 should를 사용하지만 미국 영어에서는 should를 사용하지 않고 주로 동사원형만 사용합니다.

이 책에 나오는 **문법용어**

- active voice 능동태
- adjective 형용사
- adjective clause 형용사절
- adverb 부사
- antecedent 선행사
- aspect 상(相)
- bare infinitive 원형부정사
- clause 절
- complement 보어
- complex sentence 복문
- compound 합성어
- compound sentence 중문
- conditional sentence 조건문
- conjugation 동사의 활용
- conjunction 접속사
- content word 의미어
- contraction 축약형
- coordinating conj. 등위접속사
- declarative sentence 평서문
- definite article 정관사
- dependent clause 비독립절
- determiner 한정사
- ditransitive verb 수여동사
- exclamation point 느낌표
- exclamatory sentence 감탄문
- fragment 문장 단편
- free relative pro. 자유 관계대명사
- function word 기능어
- gerund 동명사
- helping (또는 auxiliary) verb 조동사
- hyphen 하이픈
- imperative sentence 명령문
- indefinite article 부정관사
- independent clause 독립절
- interjection 감탄사
- interrogative sentence 의문문
- intransitive verb 자동사
- linking verb (또는 copula) 연결동사
- middle voice 중간태
- modal 법조동사
- mood 법
- noun 명사

- number 수
- object 목적어
- optative sentence 기원문
- participle 분사
- particle 소사(小詞) (또는 불변화사)
- partitive 부분사
- parts of speech 품사
- passive voice 수동태
- past participle (= p.p.) 과거분사
- period 마침표
- person 인칭
- phrasal verb 구동사
- phrase 구
- predicate 술부
- prefix 접두사
- preposition 전치사
- preposition 전치사
- present participle 현재분사
- pronoun 대명사
- punctuation mark 구두점
- question mark 물음표
- relative pronoun 관계대명사
- root 어근
- sentence 문장
- simple sentence 단문
- subject 주어
- subjunctive mood 가정법
- subordinating conj. 종속접속사
- suffix 접미사
- tense 시제(時制)
- *to*-infinitive to부정사
- transitive verb 타동사
- verb 동사
- voice 태
- word family 단어족

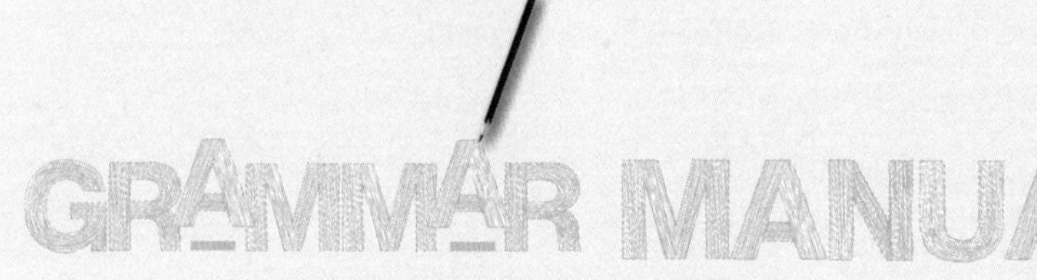